NE PAS DÉPASSER LA LIGNE!

선을 넘지 마시오!

경유 공간에서의 이동 통제와 정체성 형성

팀 크레스웰 · 미카엘 르마르샹 지음 | **제랄딘 레이** 사진 | **박재연** 옮김

앨피

선을
넘지
마시오!

경유 공간에서의
이동 통제와
정체성 형성

BUSINESS PREMIER

BUSINESS PREMIER

NESS PREMIER

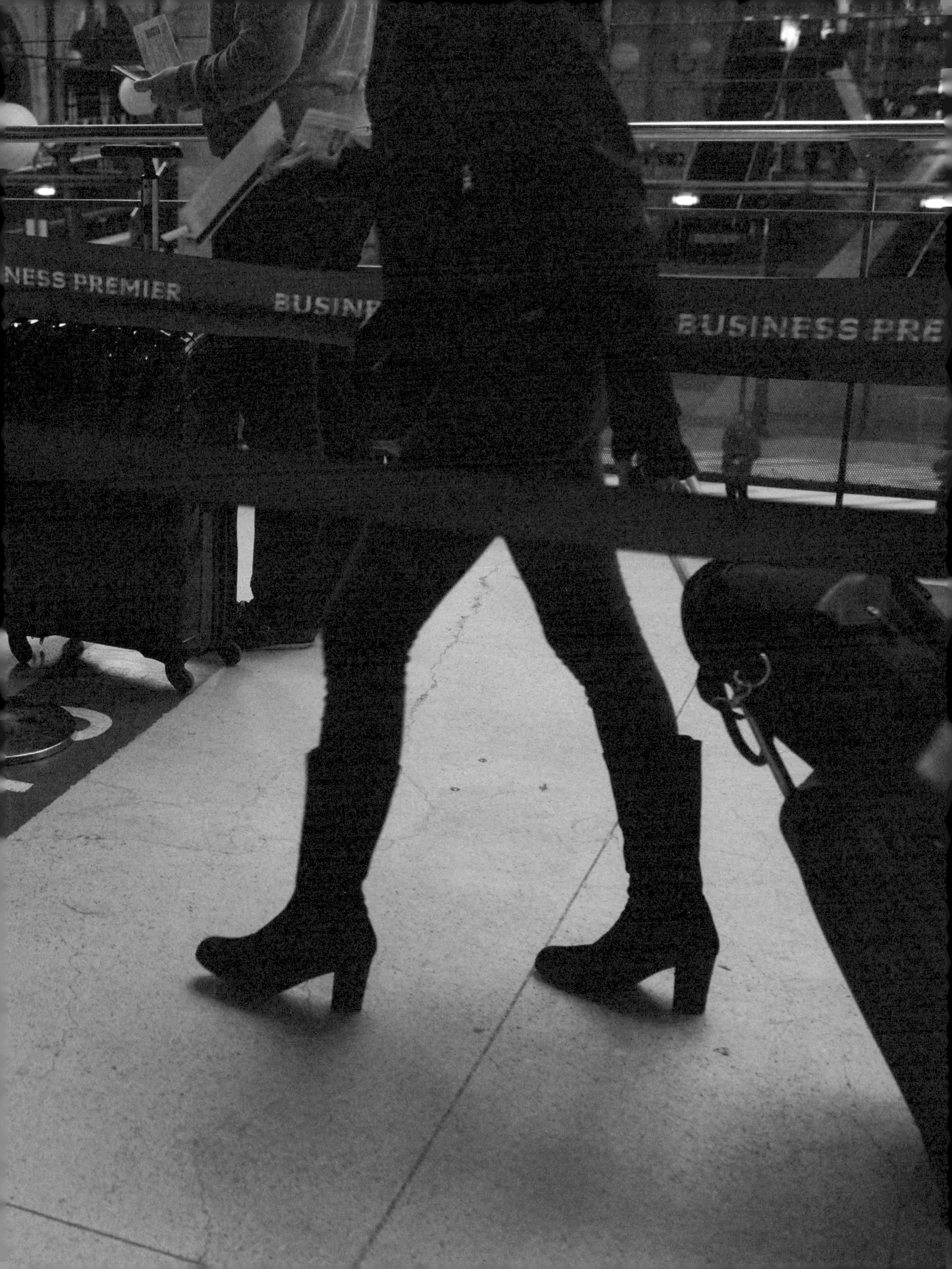
NESS PREMIER
BUSIN
BUSINESS PRE

NE PAS DÉPLACER LA LIGNE!

Fabrique des identités et contrôle du mouvement dans les liex de transit
by Tim Cresswell, Mikaël Lemarchand
photography: Géraldine Lay
under the direction of Christophe Gay, Sylvie Landrième, Tom Dubois

| 이 저서는 2018년 대한민국 교육부와 한국연구재단의 지원을 받아 수행된 연구임 (NRF—2018S1A6A3A03043497) |

차례

모빌리티인문학 Mobility Humanities

모빌리티인문학은 기차, 자동차, 비행기, 인터넷, 모바일 기기 등 모빌리티 테크놀로지의 발전에 따른 인간, 사물, 관계의 실재적 · 가상적 이동을 인간과 테크놀로지의 공-진화co-evolution라는 관점에서 사유하고, 모빌리티가 고도화됨에 따라 발생하는 현재와 미래의 문제들에 대한 해법을 인문학적 관점에서 제안함으로써 생명, 사유, 문화가 생동하는 인문-모빌리티 사회 형성에 기여하는 학문이다.

모빌리티는 기차, 자동차, 비행기, 인터넷, 모바일 기기 같은 모빌리티 테크놀로지에 기초한 사람, 사물, 정보의 이동과 이를 가능하게 하는 테크놀로지를 의미한다. 그리고 이에 수반하는 것으로서 공간(도시) 구성과 인구 배치의 변화, 노동과 자본의 변형, 권력 또는 통치성의 변용 등을 통칭하는 사회적 관계의 이동까지도 포함한다.

오늘날 모빌리티 테크놀로지는 인간, 사물, 관계의 이동에 시간적 · 공간적 제약을 거의 남겨 두지 않을 정도로 발전해 왔다. 개별 국가와 지역을 연결하는 항공로와 무선 통신망의 구축은 사람, 물류, 데이터의 무제약적 이동 가능성을 증명하는 물질적 지표들이다. 특히 전 세계에 무료 인터넷을 보급하겠다는 구글Google의 프로젝트 룬Project Loon이 현실화되고 우주 유영과 화성 식민지 건설이 본격화될 경우 모빌리티는 지구라는 행성의 경계까지도 초월하게 될 것이다. 이 점에서 오늘날은 모빌리티 테크놀로지가 인간의 삶을 위한 단순한 조건이나 수단이 아닌 인간의 또 다른 본성이 된 시대, 즉 고-모빌리티high-mobilities 시대라고 말할 수 있다. 말하자면, 인간과 테크놀로지의 상호보완적 · 상호구성적 공-진화가 고도화된 시대인 것이다.

고-모빌리티 시대를 사유하기 위해서는 우선 과거 '영토'와 '정주' 중심 사유의 극복이 필요하다. 지난 시기 글로컬화, 탈중심화, 혼종화, 탈영토화, 액체화에 대한 주장은 글로벌과 로컬, 중심과 주변, 동질성과 이질성, 질서와 혼돈 같은 이분법에 기초한 영토주의 또는 정주주의 패러다임을 극복하려는 중요한 시도였다. 하지만 그 역시 모빌리티 테크놀로지의 의의를 적극적으로 사유하지 못했다는 점에서, 그와 동시에 모빌리티 테크놀로지를 단순한 수단으로 간주했다는 점에서 고-모빌리티 시대를 사유하는 데 한계를 지니고 있었다. 말하자면, 글로컬화, 탈중심화, 혼종화, 탈영토화, 액체화를 추동하는 실재적 · 물질적 행위자agency로서의 모빌리티 테크놀로지를 인문학적 사유의 대상으로서 충분히 고려하지 못했던 것이다. 게다가 첨단 웨어러블 기기에 의한 인간의 능력 향상과 인간과 기계의 경계 소멸을 추구하는 포스트-휴먼 프로젝트, 또한 사물 인터넷과 사이버 물리 시스템 같은 첨단 모빌리티 테크놀로지에 기초한 스마트 도시 건설은 오늘날 모빌리티 테크놀로지를 인간과 사회, 심지어는 자연의 본질적 요소로 만들고 있다. 이를 사유하기 위해서는 인문학 패러다임의 근본적 전환이 필요하다.

이에 건국대학교 모빌리티인문학 연구원은 '모빌리티' 개념으로 '영토'와 '정주'를 대체하는 동시에, 인간과 모빌리티 테크놀로지의 공-진화라는 관점에서 미래 세계를 설계할 사유 패러다임을 정립하려고 한다.

서문

"프랑스국유철도공사SNCF 직원들은 파리북역Gare du Nord에서 감전되어 사망한 이집트인의 시신을 발견했다. 그는 분명 유로스타Eurostar를 타고 영국으로 가려고 했을 것이다. 한 여성이 바퀴 달린 가방을 힘겹게 끌며 계단을 내려와 교외로 나가는 기차로 향한다. 우아하게 차려입은 한 남자는 손목시계를 흘깃 내려다본 후 홍채 인식 카메라를 응시한다. 세관과 보안 검색을 통과한 후 네덜란드 스히폴공항 우선주차구역에서 그를 기다리고 있는 세단에 몸을 싣는다. 각 줄을 구분하는 선들을 따라 완벽하게 길이 나 있는 파리북역에서는 유럽 여권을 손에 쥔 많은 사람들이 각기 다른 무게의 짐을 짊어진 채 프랑스와 영국의 세관을 통과하기 위해 기다리고 있다. 한 일본인 관광객이 일 드 프랑스Ile-de-France[1] 지역의 지하철 지도를 뚫어져라 쳐다본다. 10년 전 터키에서 건너온 불법 택시 운전수가 로마에서 직항으로 스히폴

---

1 직역하면 '프랑스의 섬'이라는 뜻으로, 프랑스의 행정구역(레지옹région)이자 역사적 지역을 일컫는다. 파리주를 중심으로 7개의 주 (데파르트망département)가 둘러싸고 있는 형태다. —옮긴이

에 도착한 이탈리아 승객에게 일본산 자동차의 문을 열어 준다. 컴퓨터 시스템의 고장으로 1,400명에 달하는 폴란드 롯Lot항공사 승객들이 발이 묶였다. 컴퓨터 모니터를 들여다보고 있는 건축가는 설계 중인 미래의 공항 이용객의 예상 흐름을 3D로 표시하는 작업을 하고 있다. 철도회사의 책임자는 이번 일요일 20퍼센트 증가한 승객을 이미 포화 상태에 이른 공간에 어떻게 추가로 수용하면서도 여행객들에게 약속된 서비스 품질을 유지할 수 있을지 고민에 빠졌다."

이런 일상적인 이야기들은 무한대로 이어질 수 있다…. 이것들을 하나로 묶는 비밀스러운 관계는 이제 모빌리티와 그 생산물로 요약될 수 있는 우리의 생활 방식과 사회생활의 핵심적인 현상이 되었다. 단순한 여행에서 목숨을 건 이동에 이르기까지, 수십만 심지어 수백만의 사람들이 때로는 서로 모순되는 목적을 가지고 매일 지나다닌다. 기차역과 공항의 국제적인 경유 공간에서 마주칠 수 있는 모빌리티에 대한 이러한 이야기들은 우리 사회가 어떻게 돌아가고 있는지를 여실히 드러내 준다.

한눈에도 기차역과 공항은 각자의 고유한 역사에 따라 발전해 온 서로 다른 곳처럼 보인다. 이 둘은 동일한 경제적·기술적·사회적 논리에 따라 조직되지 않았고, 동일한 형태의 교통수단을 사용하지 않기 때문에 각기 다른 방식의 통행이 이루어진다. 공항은 종종 도심에서 수십 킬로미터 떨어진 곳에 위치해 있지만, 기차역들은 대부분 도시의 역사적 중심부에 자리 잡고 있다. 이러한 차이에도 불구하고, 근대의 승리를 나타내는 표징으로서 기차역은 지난 150년 동안, 공항은 적어도 50년 전부터, 우리 이동 생활의 원동력으로 기능해 왔다. 기차역과 공항을 비교할 때 이 둘의 상호적 기능의 실체를 파악하는 것이 필수적이다.

그리하여 우리는 대륙 간, 유럽 내, 국가 내, 도시 간 이동 등 다양한 차원의 모빌리티 생산자이자 경유 공간인 파리북역과 스히폴공항을 연구하기로 하고, 국가 간 이동을 주요 분석 대상으로 한정 짓기로 하였다. 1950년대 이후 국가 간 이동 인구의 수는 40배 증가하였는데, 같은 기간 세계 인구의 증가 폭은 3배가 채 되지 않았다. 이러한 국가 간 이동의 폭발적인 증가에는 셍겐협정[2]을 통해 개별 유럽 국가들이 적극적으로 개입한 영향도 크다. 그리하여 스히폴공항과 파리북역과 같은 공간은 자연스럽게 이 연구에 특화된 관찰 지점이 되었다.

이 책의 이미지를 담당한 프랑스 아를 출신의 예술가 제랄딘 레이Géraldine Lay의 사진은 장소, 공간의 크기, 건축, 하드웨어 제어장치, 다양한 표식, 출입문, 장벽, 에스컬레이터, 유리벽 분리 등 사람들의 흐름을 유도하고, 연결하고, 안내하는 수많은 선을 보여 준다. 동시에 이 이미지들은 이 거대한 공간 속에서 일어나는 다양한 삶을 포착하며, 종종 짐에 치여 있는 익명의 군중 속에서 대기 중이거나 이동 중인 개개인들에게 빛을 선사한다.

영국의 지리학자이자 모빌리티 이론가인 팀 크레스웰Tim Cresswell은 일상적인 이동 개념에 의구심을 표한다. 그에게 이동이란 "A지점에서 B지점으로 가는 것 이상의 의미"를 지닌다. 모빌리티는 이동과 관련된 이야기와 사연, 가치(가령, 이동의 자유)와 우리의 이동 경험(가령, 여행가방을 들고 휴가를 가는 것이나 혼잡한 버스를 타고 출근하는 것)을 포함하는 개념이다. 크레스웰은 스히폴공항의 역사 등 상세한 설명과 구조의 설계와 변화를 유도하는 원칙, 실제로 발생하는 모빌리티 양상과 해당 공간에서 이동하거나 정주하는 사람들의 유형을 분석하여 그만의 이론적 틀을 구체화한다.

실제로 암스테르담의 스히폴공항에서는 실용적이고 조직적인 문제들뿐만 아니라 정치적이고 사회적인 이슈들이 대두되고 있다. 크레스웰은 공항을 유목화된 세계의 은유로 바라보는 일부의 포스트모던한 고정관념을 완전히 뒤집으며, 스히폴에서 실제로 일어나고 있는 일들에 대한 우리의 이해를 도모한다.

---

2 유럽 각국이 공통의 출입국관리 정책을 적용하여 국경 시스템을 최소화, 국가 간 통행 제한을 없앤다는 내용을 담은 협정. 1985년 6월 14일 독일, 프랑스, 벨기에, 네덜란드, 룩셈부르크 5개국이 룩셈부르크의 셍겐Schengen 마을에서 역내 국가 간 통행 제한을 없앤다고 선언하는 조약을 맺어 '셍겐협정'이라는 이름이 붙었다. 1990년 6월 19일에 체결된 셍겐실시협정으로 셍겐 지역(이 조약의 적용을 받는 유럽국들)을 실현하는 협정이 만들어졌고, 1995년부터 효력이 발생되었다. 아일랜드와 영국을 제외한 모든 유럽연합 가입국과 유럽연합 비가입국인 EFTA 가입국 아이슬란드, 노르웨이, 스위스, 리히텐슈타인 등 현재 가입국 수는 26개국이다. —옮긴이

유로스타역의 사업관리자인 미카엘 르마르샹Mikaël Lemarchand은 파리북역에서 모빌리티가 생성되는 양상과 함께, 영불해협을 건너 영국으로 가는 고속열차와 관계된 유입 공간을 운영하는 비법을 밝힌다. 영국이라는 특수한 행선지로 인해, 파리북역에도 스히폴을 비롯한 모든 국제공항에서 하는 것과 유사한 셴겐 지역 출입 관련 조처가 필요하다. 팀 크레스웰의 이론적 관점에 자신의 전문적 경험을 더해, 르마르샹은 수천 명의 사람들의 일상적인 이동을 가능케 하는 유로스타 서비스의 기본적인 원칙, 제약과 난관, 기발한 해결책과 기적에 가까운 조직 운영에 대해 밝힌다.

이들의 텍스트는 역과 공항의 유사성과 불일치성을 교차해서 보여 주는 동시에, 학자와 현장 전문가 사이에 존재하는 긴장감(이자 공감) 역시 잘 드러내어 준다.

역이나 공항을 몇 천 번 지나다니는 것보다 더 사소하고 평범한 행위가 또 있을까? 하지만 이 두 전문가들의 대립적인 분석과 시각, 지식 및 경험의 대비는 이러한 경유 공간의 기능이 국제적인 모빌리티의 생산에서 수행하는 중요한 역할과 정치적이고 사회적인 정체성의 형성에 관여하는 방식을 새롭게 조명한다. 이곳에서 일어나는 활동들이 얼마나 불평등한지 다시금 드러나는데, 이는 결코 우연이 아니라 물리적 요소, 컴퓨터와 정보통신 기술, 이동의 자유에 대한 유럽의 이데올로기, 차별화된 이동 경험 등이 혼합된 정치경제적 구조의 문제라고 할 수 있다.

건축, 생체 측정, 신호 체계, 마케팅과 관계된 여러 장치들은 이동에 대한 사회적인 경험과 차별화된 형태의 시민권을 생산함으로써 사람들과 그들 신체의 방향을 정하고, 제한하며, 조직하고 분류하는 동시에 위계를 만들어 낸다.

이러한 공간을 설계하고 운영하기 위해서는 공간적·경제적 제약, 보안 문제, 대중교통관리, 개인화된 서비스, 교통 시스템 내부에서 일어나는 불규칙한 동요의 처리 등을 조화시킬 수 있는 훌륭한 프로그래밍과 조직, 기술 및 기발한 아이디어가 필요하다.

어떤 이들은 물리적이고 제도적인 공간 안에서 일상적인 장애물이 제거된 채 자유롭고, 편안하고 자연스럽게 이동을 하지만, 다른 이들의 모빌리티는 이러한 장애물의 방해를 받는다. 어떤 면에서, 전자의 모빌리티는 후자의 모빌리티가 지닌 난관과 연결된다. 이들 중 몇몇은 각자의 모빌리티를 지배하고 통제하는 장치로부터 벗어나기 위해 노력한다.

이러한 분석은 국제적 경유 공간의 차원에서 펼쳐지는 모빌리티 정책 및 그 구축 매커니즘으로 제기되는 이슈가 얼마나 중요한지를 보여 준다. 이러한 공간은 우리 사회를 관찰하는 홀륭한 장소가 된다. 이 공간에서, 혹은 이 공간을 통해 이동의 일상적인 경험이라는 미시적인 세계와 유럽연합의 정치적 공간 형성이라는 거시적인 세계가 서로 교차한다. 편하게 돌아다닐 자유, 유럽 시민이 될 자유, 세계인이 될 자유와 이동 경험의 어려움과 중압감이 상호 의존하고 있는 것 역시 확인할 수 있다.

우리는 이 '모빌리티 생활 포럼the Mobile Lives forum' 시리즈를 통해 모빌리티 전환의 필요성, 즉 미래의 더 나은 모빌리티 생활로 가는 길과 같은 근본적인 쟁점을 다루면서, 이러한 정책으로 확립된 모빌리티의 생산 방식과 위계에 질문을 던지고자 한다. 새로운 원격 관리 방식의 구축으로 구현되는 바람직하고 지속 가능한 삶은 민주적인 사회에서 살아가는 개인적이고 집단적인 존재에게 의미와 형태를 부여하게 될 것이다.

바람직한 이동 생활을 담고 있는 제랄딘 레이의 사진 속에서 스히폴공항과 파리북역 간 이동의 불균형을 쉽게 확인할 수 있다. 스히폴공항에서는 사람들이 깨끗하고 깔끔한, 살균된 공간을 향유하고 있는 반면, 낡은 바닥과 벗겨진 페인트가 두드러지는 사진 속 파리북역은 훨씬 좁아 보인다. 이러한 첫인상은 수치로도 확인된다. 파리북역은 스히폴공항에 비해 6배 좁지만, 5배 반이 넘는 승객들이 이용한다. 일상적인 이용객 흐름의 면적을 비교해 보면, 파리북역의 방문객들이 겨우 0.11제곱미터의 공간을 점유할 때 스히폴공항 방문객들은 3.3제곱미터의 공간을 누린다. 여기에 기차를 타는 사람들과 비행기를 타는 사람들 사이의 모빌리티 경험에서 과소평가된 불평등의 근원이 있다. 물론 각각의 공간에서 보낸 시간은 매우 다르다. 국제적인 모빌리티에 한정지어 구체적으로 살펴보면 이러한 불평등은 줄어들겠지만, 방문자당 점유하는 면적의 차이는 여전히 가혹하다.

불평등의 또 다른 근원은 이러한 공간에서 이루어지는 물리적 이동의 질과도 관련이 있다. 특히 신호 전달 체계에 주목할 필요가 있다. 제랄딘 레이의 사진들이 잘 보여 주듯이, 정글과 같이 복잡한 파리북역의 방향 안내와 신호학의 아버지라고 할 수 있는 폴 마익세나아Paul Mijksenaar가 디자인한 스히폴공항의 균질하고 명료한 작업 사이에는 뚜렷한 차이가 존재한다.

이러한 동력학적인 불평등은 각각의 공간들에서 발견되는데, 예를 들어 파리북역은 이용객 수와 비례하여 교외를 운행하는 노선보다 유로스타와 같은 고속 노선에게 더 많은 공간을 할애한다. 종종 지하 공간에 마련되는 교외선의 노면은 더 낮은 품질의 서비스를 제공한다. 마케팅 차원에서 승객들은 그들의 재정적 기여 수준에 따라 점유하는 공간과 환대받는 조건에서 차별화된 취급을 받기 때문에, 두 장소 모두에서 이용객 유형 사이에 동일한 불균형이 일어나는 것을 발견할 수 있다. 제랄딘 레이의 사진들에서 특히 눈에 띄는 이러한 대우는, 일상 교통에서 사라졌던 계급 간 차이를 장거리 교통에 다시 도입한다. 특히 '적절한' 서류를 갖춘 사람들에게 올바른 정치적 정체성을 부여하는 동력학적인 위계는 유럽의 정치 공간 바깥에 있거나 국제적인 사업가 계층에 속하지 않는 이들에게서 도드라진다. 따라서 모빌리티는 정치적 불평등(이동할 수 있는 자와 그렇지 못한 자)과 사회적 불평등(편안하게 이동하는 자과 그렇지 못한 자)의 중심에 있다. 모빌리티는 이러한 불평등을 드러내는 동시에 생산하며, 특히 마티아스 에머리히가 발문에서 지적하는 바와 같이 각 개인이 경험하는 차이를 매우 구체적으로 형성하는 데 기여한다. 어떤 이들에게 편하고 안락한 이동이 다른 이들에게는 고통스럽고 위험할 수 있으며, 심지어 치명적일 수도 있다.

이제 우리의 민주적인 사회가 받아들일 준비가 된 동력학적 불평등의 위계에 질문을 던져야 할 것으로 보인다. 이 문제는 '단순한' 교통 서비스 문제를 넘어 사회적·정치적 정체성과 그것에 의존하는 삶의 질에 직접적인 영향을 미치기 때문에 매우 중요하다. 파리북역 재개발 계획을 고려할 때, 다양한 이동 수단들을 중재하고 각각의 전용 공간을 배분하는 것은 매우 중요한 문제이다. 우리 모빌리티 생활의 질이 여기에 달려 있기 때문이다.

미래의 경유 공간에서 이루어질 바람직한 모빌리티 생활에 대해 질문하는 것은 오늘날의 모빌리티 생산이 지닌 또 다른 측면을 논하는 것과 일맥상통한다. 팀 크레스웰과 미카엘 르마르샹의 분석에서 볼 수 있듯이, 스히폴공항과 파리북역 유로스타의 이동을 체계화하여 분류하고 차별화하는 하드웨어 및 입법 장치는 유럽의 자유 통행 원칙에 따라 어떤 이들의 모빌리티 권리와 삶을 희생시킴으로써 다른 이들의 이동을 용이하게 한다.

하지만 2015년의 극적인 뉴스가 보여 주듯이, 정치적 정체성 때문에 부과되는 모빌리티의 차별에는 제한이 있을 수밖에 없다. 운영 수준에 관계없이, 경유 공간은 위기 상황에 처해 헝가리나 오스트리아의 기차역에서 기차를 습격하는 난민들의 이동까지 물리적으로 차별할 수는 없다. 현재의 시스템이 관리할 수 없는 이러한 난기류(팀 크레스웰의 표현을 따르자면)[3]가 발생하면, 예외적인 경찰력이나 군사력을 동원하여 기존의 통행을 계속 한 방향으로 유도하여야 한다. 하지만, 위험에 처한 사람의 이동권 역시 인간의 필수적인 권리로서 옹호되어야 한다.

지구온난화에 대한 투쟁이 그 어느 때보다도 중요한 시기에, 우리 포럼의 또 다른 중요한 이슈는 모빌리티 생활의 지속 가능성이다. 각 시대는 특정한 형태의 모빌리티를 가치 있게 여긴다. 우리 시대는 유목민적이고 세계화된 사회의 상징인 비행기를 내세운다. 그래서 앞으로 몇 년 동안 중요한 공항 개발 계획들이 수립될 예정이다. 이제 그 공항들이 만들어 낼 이산화탄소 배출을 고려하여 그 지속 가능성에 따라 모빌리티 위계를 고민해야 한다. 현재, 교통 이동 분야는 에너지 분야에 이어 두 번째로 많은 양의(23퍼센트) 이산화탄소를 생산한다. 계속 증가하고 있는 이산화탄소 배출량은 주로 도로(74퍼센트)에서 발생하며, 항공기는 세계 총 배출량의 2~3퍼센트인 12퍼센트를 차지하고 있지만, 전 세계 인구의 5퍼센트만이 비행기를 이용한다. 이 5퍼센트의 대부분은 국제 컬로퀴엄에서 다른 컬로퀴엄으로 이동하는 학자나 사업가, 대기업 경영자와 같은 일반 여행자들이다. 1년에 한 번 정규 노선을 타고 휴가를 가는 것이 아니라, 전용 제트기를 이용하여 점점 더 많은 여행을 떠나고 더 많

---

3 48쪽을 보라.

은 이산화탄소를 발생시키는 사람들도 많아지고 있다. 향후 30년 내에 항공과 관련된 이산화탄소 배출량을 절대적으로 감소시킬 기술적 해결책이 없기 때문에, 남은 탄소 예산의 고갈이나 엄청난 기후변화에 직면하지 않으려면 이 분야의 확대를 시급히 제한할 필요가 있다. 중국, 인도, 인도네시아 등지에 이미 350개 이상의 새로운 공항이 계획되어 있는 만큼, 이 작업은 결코 쉽지 않을 것이다.

또한, 항공교통의 감소에 대응할 더 나은 수준의 모빌리티와 이에 대한 권리를 더 많은 사람들에게 배분하는 문제와 함께, 인류의 상당수가 여전히 항공 이동의 권리에 접근하지 못하고 있다는 모순 역시 지적할 수 있다. 우리 모빌리티 생활의 미래는 아직 쓰여지지 않았으며, 경유 공간에서의 동력학적인 위계를 결정짓는 오늘날의 기준이 그대로 내일의 기준이 되지 않는다. 우리는 바람직하고 지속 가능한 새로운 것을 상상하고 그것에 대해 토론할 수 있다. 아마도 새로운 단계의 생활이 발전할 것이고, 더 지역적인 수준의 모빌리티가 촉진될 것이다. 물리적 이동의 감소는 어느 정도 생활 방식의 지연을 초래하고 사회적 리듬을 바꾸게 될 것이다. 예를 들어, 짧은 거리의 사업 목적 이동은 제한될 수 있다. 이는 또한 관광과 관련된 여행에도 영향을 미칠 수 있다. 어쩌면 우리는 더 이상 '이국적인' 장소에 자주 가지 못할 수 있고, 6개월이나 1년 또는 그 이상 더 긴 기간에 한 번 떠날 수도 있을 것이다. 그렇다면, 더 길어진 휴가를 더 적은 빈도로 허용할 직장 생활 조직을 다시 생각해 보아야 하는가?

만약 경유 공간이 앞으로도 모빌리티 관리에 필수적인 역할을 계속 수행한다고 가정한다면, 더 공정한 기준에 따라 이동을 판별할 수 있도록, 교환 불가능한 개인 탄소배출권 제도를 도입할 수 있을 것이다. 이는 이동 수단의 속도에도 적용될 수 있는 규제이다. 급한 업무에는 헬리콥터와 항공기를, 여행이 목적이라면 기차를…. 이러한 조치들은 중·단거리 이동에서 체계적으로 선호될 것이며, 디지털 기술은 국제무역에 필수적인 조건이 될 것이다. 어쩌면 우리는 더 많은 사람들의 선택에 따라 이동의 우선순위를 정해야 할지도 모른다. 과하다고 판단되는 것들은 더 비싸지거나 금지될 수도 있다. 이렇게 조금씩, 경유 공간의 새로운 얼굴을 상상해 본다.

이제 대기선 밖에서 무슨 일이 일어나고 있는지 알려 주고, 더 나아가 이동의 의미와 쟁점에 대해 생각할 기회를 줄 특별한 여행을 떠날 시간이다. 다른 모든 여행에서와 마찬가지로, 이 여행을 통해서도 변화를 경험할 수 있기를 바란다.

그럼 즐거운 여행이 되기를!

크리스토프 게이
실비 랑드리에브
톰 뒤부아

01
모빌리티의 이론화

팀 크레스웰

"모빌리티는 A지점에서 B지점으로 가는 것 이상의 것을 의미한다. 이 두 점을 연결하는 선에는 더 큰 의미가 담겨 있다. 이것이 내 모빌리티 이론의 핵심이다."

모빌리티 이론을 위하여

모빌리티는 A지점에서 B지점으로 가는 것 이상의 것을 의미한다. A에서 B로의 이동 개념은 오랫동안 도시 및 국가 차원의 교통계획에 있어 핵심적인 것으로, 이들 계획의 주요 목표는 이동 시간의 단축이었다. 하지만 이 두 점을 연결하는 선에는 더 큰 의미가 담겨 있다. 이것이 내 모빌리티 이론의 핵심이다.

이 글은 이러한 선에 담긴 많은 이야기들의 의미 있는 맥락을 풍성하게 제시하고 모빌리티에 대한 전체적인 접근 방식을 도출하는 것을 목표로 한다. 모빌리티란 무엇인가? 나에게 모빌리티는 사회적인 생산물이다. 그것은 사회가 만들어내는 움직임이며, 권력의 맥락에서 움직임과 의미, 실천의 얽힘으로서의 이동을 포함하는 개념이다. 이동과 모빌리티의 관계는 위치와 장소의 관계와 같다.

좌표 세트를 하나 살펴보자. 48.8530° N, 2.3498° E. 이 좌표들은 지도상의 점으로 표시할 수 있는 위치에 해당한다. 이러한 데이터로부터 많은 것을 측정할 수 있다. 예를 들어, 해당 지점이 동일한 좌표 시스템으로 표시된 다른 지점에서 얼마나 멀리 떨어져 있는지 확인할 수 있을 것이다. 하지만 이 좌표가 파리라는 것이 명확해지면 무슨 일이 일어날지 생각해 보라. 갑자기, 이 흐릿한 위치(추상적인 숫자)는 역사와 의미로 가득 찬 세계이자 빛과 사랑의 도시가 된다. 그리고 지도상의 이 점이 노트르담 성당이라는 것을 표시함으로써 이러한 의미들은 더욱 정확하게 드러날 수 있

이동과 모빌리티의 관계는
위치와 장소의 관계와 같다

위치

장소

이동

모빌리티

A → B

다. 이것이 위치와 장소의 차이다.

이동과 모빌리티를 구별함으로써 위치와 장소의 차이를 언급할 수 있다. 이런 의미에서 지도에 이동을 표현할 때에는, 점으로 표현하기보다는 선이나 화살표로 표시하는 것이 바람직하다.

움직임이란 이동의 물리적 변환이다. 사람과 사물들은 한 지점에서 다른 지점으로 이동한다. 이러한 인식 하에서, 이동은 종종 계획 수립자나 인구통계학자 및 정부의 분석 대상이 된다. 그들은 다양한 규모의 이동 지도와 통계를 개발한다. 따라서 이동은 위치의 동적 표현이다. 모빌리티는 장소와 유사한 개념이며, 사회적 맥락과 사람들 간의 교류로 만들어진 의미를 담아 일상생활에서 물리적으로 구현된다. 이동이 48.8530° N, 2.3498° E라는 좌표의 동적 형태라면 모빌리티는 파리나 노트르담 성당의 역동적인 표현에 더 가깝다.

이것이 모빌리티에 대한 전체적인 접근의 첫 단계이다. 다음으로 움직임, 의미, 실천의 세 가지 측면을 더 자세히 살펴보자.

움직임, 의미, 실천

모빌리티는 중요한 사회적 측면을 지닌 활동으로서, 세 가지 중요한 차원이 결합된 개념이다. 즉, 한 장소에서 다른 곳으로의 이동을 의미하는 움직임, 다양한 담론과 이야기를 통해 발현되는 움직임의 의미, 실제 움직임에 내재된 실천이 그것이다. 모빌리티에 관한 다양한 형태의 연구는 이 중 한 가지 측면을 탐구하기 위한 것이다. 예를 들어, 교통 연구자들은 물리적 이동의 리듬과 속도, 장소 등을 설명할 수 있는 다양한 방법을 개발했다. 최근 들어 우리는 어떤 사람들이 이동하는지, 그리고 그 사람의 정체성이 그 이동에서 어떤 역할을 하는지 알 수 있게 되었다. 그러나 이 연구자들은 우리에게 개인적 · 사회적 차원의 모빌리티가 지닌 의미를 친절하게 알려주지는 않는다. 그들은 이동이라는 행위가 어떤 감각을 발생시키는지, 어떻게 발생시키는지는 설명하지 않았다. 모빌리티 경험은 결코 교통 연구의 주요 관심사가 아니다. 모빌리티를 전반적으로 이해하는 길은 세 가지 측면을 모두 검토하는 것이다.

물리적 이동은, 말하자면, 모빌리티를 생성하는 데 필요한 원료라고 할 수 있다. 사람들과 물건, 아이디어는 움직이기 마련이다. 적절한 장비만 있으면, 물리적 이동은 측정해서 지도에 나타낼 수 있다. 이를 통해 이동은 방정식으로 풀 수 있고, 법으로 추론하는 등 다양한 분야에서 분석할 수 있다.

인간 신체의 움직임은 실제 신체와 격리된 채 스포츠 치료, 단체 활동, 산업 행위 분석 등 다양한 모빌리티 활동 표본으로 추상적으로만 존재해 왔다. 도시계획자들은 더 효율적이고 환경에 덜 유해한 교통 환경을 만들기 위해 기계적으로 보조되는 물리적 이동 모델을 끊임없이 만들어 낸다. 공항과 기차역에서, 모델링 전문가들은 두 지점 간 이동에 걸리는 시간을 측정하고 그 시간을 단축시키기 위해 복잡한 순환 모델을 활용한다.

모빌리티의 두 번째 측면은 이동의 의미다. 이동한다는 것은 사회적 차원에서도, 개인적 차원에서도 의미가 있을 수 있다. 여기서는 의미의 사회적 구조에 초점을 맞추고자 한다. 모빌리티를 측정하고 모델링하는 다양한 방법이 만들어진 순간부터, 과도한 모빌리티 스토리텔링이 등장했다. 모빌리티는 모험, 권태, 교육, 자유의 서사를 통해 현대적이거나 위협적인 형태로 표현되었다. 홍수나 침해 같은 비유로 나타나는 이민자 모빌리티와 그것이 야기하는 두려움 사이에 공고하게 확립된 관계를 예로 들어 볼 수 있다. 현대 서구 사회의 기본 권리로서 모빌리티 권리에 대해서 생각해 보자. 자동차 광고나 휴대폰 광고가 전달하는 의미는 또 어떤가. 사회학자들은 이 현상의 공범이다. 과거의 시각이 모빌리티를 반기능적이고 비본래적인 것으로 보는 것이었다면, 최근에는 뿌리 뽑힌 반창시자적이고 해방자적인 위반의 모빌리티가 새롭게 정의되고 있다. 예를 들어, 단순히 걷는 행위만으로도 다양한 의

> 말하자면 물리적 이동은, 모빌리티 생성에 필수적인 원료라고 할 수 있다.

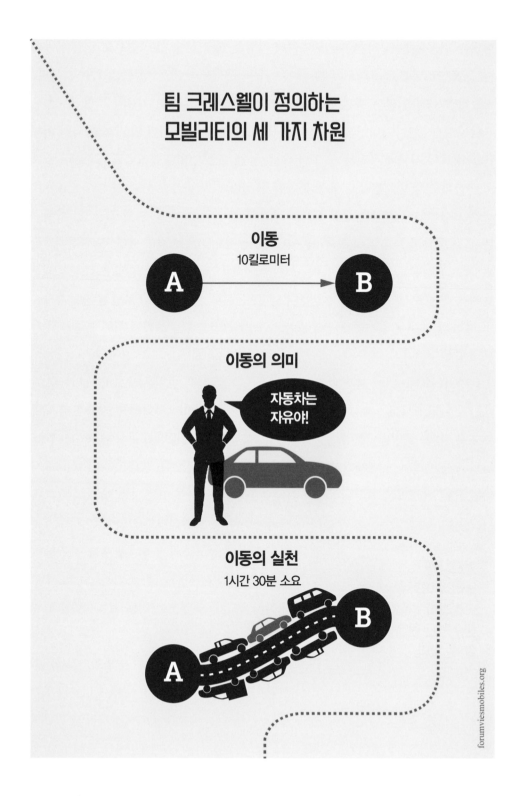

팀 크레스웰이 정의하는
모빌리티의 세 가지 차원

이동

10킬로미터

A → B

이동의 의미

자동차는 자유야!

이동의 실천

1시간 30분 소요

A B

forumviesmobiles.org

미들이 파생된다. 낭만적인 시인과 상황주의situationnistes[1] 운동가들은 행진을 창의적이고, 심지어 혁명적인 모빌리티 형태로 인식했다. 지방자치단체들은 갈수록 신체활동을 비만과 싸우는 투쟁으로 여기게 되었다.

마지막으로, 인간의 모빌리티는 경험적이고 실천적이다. 우리는 피곤함을 느끼며 매우 힘들게 이동하기도 하고, 가벼운 발걸음으로 활기차게 움직이기도 한다.

우리가 공항의 출입국 사무소에서 우리의 모빌리티를 감각하는 방식은 우리가 누구이며 우리가 그 줄 끝에서 무엇을 기대할 수 있느냐에 달렸다. 차를 운전한다는 것은 해방이나 시험, 혹은 죄의식을 의미하기도 한다. 우리가 모빌리티를 선택했느냐 강요받았느냐 하는 문제는 우리의 모빌리티 경험에 큰 영향을 끼친다. 우리의 모빌리티 경험은 종종 이 경험에 동반되는 이야기들과 맥을 같이한다. 실제로, 비행기가 이륙하거나 기차가 종착역에 도착할 때의 모빌리티는 해방감으로 인식된다. 교통체증에 걸린 순간에는 의미와 실천 사이의 불일치가 감지된다. A지점에서 B지점으로 이동한다는 것은 모빌리티 실행에서 여러 가지 다른 경험을 아우를 수 있다.

> 출입국 사무소에서,
> 우리가 모빌리티를
> 감각하는 방식은
> 우리가 누구이며,
> 무엇을 기대할 수
> 있느냐에 달렸다.

모빌리티에 대해 이야기할 때는 사람들이 이동할 때 하는 모든 것들을 고려해야 한다. 걷기, 춤추기, 운전, 비행, 달리기, 항해는 모빌리티의 실행으로, 사회문화이론의 정립이나 철학과 소설의 발전에 중요한 역할을 담당했던 실천적 행위라고 할 수 있다. 걷기에 대해 살펴보자면, 사회과학 이론가 미셸 드 세르토Michel de Certeau가 보행자들의 지능적인 전략을 담은 장면을 구성하고자 걷는 행위를 통해 도시의 공간적인 구성법을 분석한 방식을 생각해 볼 수 있다. 소설가 폴 오스터Paul Auster는 맨해튼 한복판에서 벌어진 행진을 도망의 행위, 비

---

1 狀況主義. 1950년대 후반부터 1970년대 초반까지 프랑스를 중심으로 유럽 각국의 사회, 문화, 미술 분야에서 일어난 예술운동. 모더니즘에 앞서 합리주의를 비판하였으며, 북유럽 국가에 영향을 끼쳤다. ─옮긴이

장소 체험의 행위로 여기며, 키르케고르Kierkegaard에게 걷기는 자신의 정신적 건강을 유지하고 사유를 하기 위한 철학적인 행위다. 의미와 실천은 종종 구분될 수 있지만, 사실상 이 둘은 깊이 연관되어 있다. 실천은 A지점에서 B지점으로 이동하는 수단일 뿐만 아니라, 논증적으로 구성되는 것이다. 걷기의 다양한 측면은 기계적인 형태의 이동과 꾸준히 비교되는 도덕적이고 미학적이며 윤리적인 담론의 대상이 된다. 걷는 장소 또한 매우 중요한 구성 요소로, 19세기 파리를 걷는 일은 말리의 농촌길을 걷는다거나 오늘날의 영국 시골길을 걷는 것과는 매우 다른 행위다.

일련의 연설과 담론의 대상으로서, 행진은 다른 모빌리티 실천과 마찬가지로 권력관계 및 지배관계의 생성과 관련돼 있다.

모빌리티 정책

모빌리티를 권력관계의 맥락에서 움직임과 의미, 실천으로 이해하는 것은 다양한 모빌리티 정책에 대해 주목하게 한다. 모빌리티는 사람들이 동일한 편의성을 가지고 접근할 수 없는 자원이며, 종종 사회적 계층구조의 생산과 저항의 중심에 놓인다. 어떤 이의 빠른 속도는 다른 이의 더딤을 의미한다. 많은 예들이 있다. 효율적

> **빠름, 더딤,
> 그리고 부동은
> 사실 권력이 자아낸
> 실로
> 연결되어 있다**

인 모빌리티를 가능하게 하는 통학버스가 (주로) 여성들에게 허락되지 않는다는 점에 대해 생각해 보자. 미국과 영국에서는 자동차 이동량이 증가하고 있는데, 특히 보행자를 존중하지 않는 도시형 사륜구동의 이동량이 눈에 띄게 증가하였다. 이러한 형태의 자동차 이동을 허용하는 것은 아이들의 도보 통학에 영향을 미친다. 보행자 입장에서는 덜 안전한 길이 만들어지는 것이다. 이러한 요소들의 연결에서 직선적인 것은 거의 없다. 자유무역에 대한 주문呪文을 실현하기 위한 유럽 내 국경 개방

은 새롭게 만들어진 유럽의 국경(대부분의 경우에 공항)에서 일어나는 모빌리티의 제한에 의존하고 있다. 빠름, 더딤, 그리고 부동不動은 사실 권력이 자아낸 실로 연결되어 있다.

이러한 모빌리티 정책은 우리가 모빌리티의 세 가지 측면, 즉 이동의 물질화, 의미, 실천으로 그것을 평가해 볼 때 더욱 강하게 드러난다.

모빌리티의 물질적 차원에서의 움직임을 관장하는 정책의 존재는 의심할 여지가 없다. 누가 가장 멀리 이동하고, 누가 가장 빨리 이동하며, 누가 가장 자주 이동하는가? 이 점들은 전통적인 교통학 연구 접근법에서 부분적으로 대응하는 모빌리티 정책의 핵심 요소들이다. 하지만 이건 시작에 불과하다. 운동의 의미와 관련된 정책도 있다. 모빌리티는 어떤 식으로 반복적으로 형성되는가? 모빌리티에 대한 어떤 이야기가 만들어지는가? 모빌리티를 어떻게 표현할 것인가? 근대성을 구성하는 이야기들 중 일부는 단순한 이동으로 만들어졌다. 자유와 진보로서의 모빌리티.

우리는 항상 어딘가로 가려고 한다. 그 누구도 '고정 상태'나 '정체 상태'에 놓여 있기를 바라지 않는다. 이러한 이야기는 자동차 광고에서부터 정치경제 이론에까지 널리 퍼져 있다. 걷기를 예로 들어 보자. 장애 이론가인 미카엘 올리비에Michael Oliver는 걷는 것과 관련된 이데올로기는 인간다움, 남성적인 것과 연관되는 일련의 의미를 부여한다고 말한다. 따라서 걸을 수 없다는 것은 그 사람을 완전한 인간이 되지 못하게 만든다. 대중문화는 '거리낌 없이 걷는 것'이 남성성을 증명하는 신호임을 끊임없이 상기시키고, 의학 전문가들은 더 이상 걸을 수 없게 된 사람들을 다시 걷게 하는 데 전념한다. 모든 종류의 기술은 사람들이 걸을 수 있도록 개발되었다. 그러나 미카엘 올리비에에 따르면, 이 보행 중심 문화는 이 '병'으로 인해 '치료를 받는' 사람들에게 치명적일 수 있다.

마지막으로, 아마도 가장 중요한 측면은 모빌리티 실행을 위한 정책이다. 모빌리티는 어떻게 증명되는가? 이동이 편안하게 이루어졌는가? 강제적으로 이루어진 이동인가, 아니면 자유롭게 이루어진 이동인가? 지도에서 A지점과 B지점을 연결하는 선은 그 이동 주체가 남자인지 여자인지, 사업가인지 가정주부인지, 관광객인지 난민인지에 따라 완전히 다른 방식으로 추적될 수 있다. 물리적 움직임과, 그에 관련된 의미, 그리고 그것의 실행은 서로 관련되어 있다. 운동에 주어진 의미는 의심할 여지없이 모빌리티 경험에 영향을 미친다. 미국으로 입국하는 멕시코 이민자와 비행기를 타고 세계 도시를 돌아다니는 다국적기업 직원 사이의 모빌리티 경험 차이는 쉽게 상상할 수 있다. 요약하자면, 나는 인간의 모빌리티에 대한 더 포괄적인 접근 방식이 개발되기를 바란다. 그것은 물리적 이동과 그 의미와 실행을 고려하는 접근법이다. 이러한 다양한 측면을 진지하게 검토한다면, 모빌리티 정책을 더 잘 설명할 수 있을 것이라고 생각한다.

모빌리티 정책의 여섯 가지 주제

모빌리티는 아마도 현대사회에서 가장 모순된 분야 중 하나일 것이다. 우리는 점점 더 우리가 사는 곳과 우리가 일하는 장소, 그리고 우리가 이동하는 방식을 통해 규정되고 있다. 모빌리티는 걷는 것에서부터 국제항공 여행에 이르기까지 모든 규모의 이동에 적용된다. 사회 전체에 모빌리티 계층이 존재하며, 이 구조의 최상층부에는 상대적으로 자주 쉽고 편안하게 이동할 수 있는 모빌리티 엘리트가, 하단부에는 자유로운 이동이 억제되거나 강제로 이동해야 하는 모빌리티 하위계층이 있다. 이들의 모빌리티는 종종 규제되고, 복잡하고 불편한 형태로 작동한다.

> 모빌리티는 아마도 현대사회에서 가장 모순된 분야 중 하나일 것이다.

이러한 모빌리티 정책에 대한 개념을 명확히 하기 위해, 사회투쟁의 목표라고 할 수 있는 이동의 여섯 가지 측면을 강조하고 싶다.

첫째, 사람이나 사물은 왜 움직이는가? 사물을 이동시키기 위해서는 힘을 가해야 한다. 인간의 경우, 이 힘은 내부적이거나 외부적일 수 있기 때문에 더욱 복잡하다. 여러 가지 이동 형태를 구분짓는 가장 중요한 차이는, 이동을 강요받는지 아니면 선택하는지이다. 사람들이 이동을 결정할 때, 그 경험은 긍정적이고 때로는 사치스러운 것이 될 가능성이 있다. 반면, 이동이 의무적이 되는 경우에는 그 이동 경험이 힘든 과업이거나 심지어 생명의 위험과 관련되기 쉽다. 물론, 선택하는 것과 선택하지 않는 것 사이의 경계는 명확하지 않으며, 이동이라는 것은 항상 다양한 수준의 의무를 수반한다. 너무나 쉽게 움직이는 것처럼 보이는 엘리트 운동선수들조차도 12개의 시간대에 위치한 목적지로 가기 위해 공항 근처 호텔에 내려서 일등석 항공편을 예약해야만 한다. 그럼에도 불구하고, 모빌리티 사이의 근본적인 차이는 모든 위계와 모빌리티 정책에 본질적이라고 할 수 있다.

둘째, 어떤 사람이나 어떤 사물이 얼마나 빨리 달리면 죽음에 이르는가? 속도는 귀중한 자원이자 중요한 문화적 투자 대상이다. 철학자 폴 비릴리오Paul Virilio의 시각에서는 속도, 특히 군사기술의 발달과 관련된 속도가 역사적 진화의 첫 번째 동력이다. 군사기술 분야의 끊임없는 성장은 인류를 무너뜨릴 것이다. 그는 심지어 표면적으로 고정되어 보이는 영역들조차 법률이나 안정성이 아닌 속도 변화로 형성되었다고 주장한다. 폴 비릴리오는《속도의 과학science de la vélocité》을 통해 우리가 처한 교착상태를 이해하자고 제안한다. 그는 우리가 더 빨리 움직일수록 우리의 자유는 더 위협받게 된다고 주장한다. 더 인간적인 차원에서 보면, 속도는 모빌리티 위계의 한가운데에 있다. 어딘가로 빨리 갈 수 있다는 것은 점점 더 독점적인 것이 되어 가고 있다.

콩코드Concorde[2]가 사라진 이래 이제 모든 승객들이 같은 속도로 여행하게 된 항공운송 분야에서도, 모빌리티 엘리트들은 공항의 터미널 근처에 주차된 그들의 자동차까지 편안하게 이동할 수 있다. 암스테르담 스히폴공항과 같은 일부 공항에서는

---

2 상업 운항을 했던 유일한 초음속 여객기. 1969년 첫 비행에 성공하고, 1976년 상업 비행을 시작해 27년간 운용되었다. ─옮긴이

자주 여행하는 사업가들을 위해 '프리비움Privium'이라는 생체인증 시스템을 운영한다. 엘리트들이 홍채를 스캔하여 세관의 대기 줄을 피할 때, 세관원은 다른 여행객들의 긴 줄에 집중한다. 빠름과 더딤은 이렇듯 논리적이고 조직적으로 연결되어 있다. 하지만 항상 빠른 속도가 가장 가치 있는 것은 아니라는 것은 슬로우 푸드 운동과 더딤의 문화를 통해 확인할 수 있다. 우리는 이를 통해 어느 정도의 부르주아다움을 수행할 수 있는가? 어떤 사람들이 자발적으로 더딤을 선택할 정도로 충분한 시간을 확보하고 있는가?

어떤 사람들에게는 더딤이 허락되지 않는다. 찰리 채플린의 영화 〈모던 타임즈 Modern Times〉의 유명한 오프닝 장면에서, 우리는 컨베이어벨트 앞에 늘어서서 줄줄이 나오는 모든 물건의 나사를 조이는 노동자들을 볼 수 있다. 공장장은 신문을 읽으며 조용히 아침 식사를 한다. 그는 단지 생산 라인이 '더 빨리' 가동되는 것을 독촉하고자 한 번씩 식사를 멈출 뿐이다. 채플린은 테일러리즘Taylorism[3] 원리에 따라 시간과 움직임의 관점에서만 평가하는 속도 중심의 생산 관행을 풍자했다. 여기서 속도는 결코 사치스러운 것이 아니다. 그것은 오히려 '하층민'이 겪어야 할 의무적인 과업이다.

셋째, 어떤 사람이나 물건이 어떤 리듬으로 움직이는가? 리듬은 다양한 측면에서 모빌리티의 중요한 요소이다. 리듬은 반복적인 움직임과 멈춤, 또는 특정한 기준으로 이루어진 단순한 움직임으로 구성된다.

물론, 리듬에는 여러 종류가 존재한다. 일부는 상대적으로 유기적이고 신체적이며, 일부는 특정 사회에 특화되어 강요된다. 종종 시간(시계)과 공간의 합리화된 측정으로 주어지는 외적 리듬은 일상적인 내적 리듬과 모순된다. 리듬은 일상적인 생산의 일부이며, 많은 제도 및 다양한 권력기관들은 우리 삶의 속도를 결정짓고 우리

---

3 과학적 관리법 또는 과학적 경영. 창안자인 프레더릭 윈즐로 테일러Frederick Winslow Taylor의 이름을 따서 '테일러리즘'이라고 불린다. 20세기 초부터 주목받은 이 관리 이론의 핵심 목표는 경제적 효율성, 특히 노동생산성 증진에 있다. —옮긴이

로 하여금 특정한 템포를 따르게 하려고 노력한다. 철도는 19세기의 중심적인 요소다—찰리 채플린의 공장을 다시 한 번 상기해 보라. 그러므로 리듬은 모든 사회적 질서와 역사적 시대를 구성하는 요소라고 할 수 있다. 움직임과 관련된 감각은 그것의 필수적인 부분인 리듬의 역사적 의미를 포함한다.

리듬은 사회질서의 구성 및 부인否認에 관여한다. 실제로, 다양한 인간 행동을 통해 리듬과 관련된 정책을 구분할 수 있다. 20세기 초, 움직임을 연구한 전문가들은 공장에서의 노동생산성을 향상시키기 위해 단일 속도의 개념보다 훨씬 더 넓은 영역에 관심을 가졌다. 리듬은 '과학적 관리' 기술의 중요한 요소로서, 그들은 리듬 연구를 통해 업무 수행에서 지속적이고 규칙적인 속도를 구현하고자 했다.

공항에서는 자동 보행 분석 기술을 이용해 움직임이 의심되는 신체를 식별하고 추적하여 심층 검사를 실시함으로써 집중적으로 감시할 수 있다. 특정 기간 동안 감지된 특이한 속도로 이루어지는 움직임으로 사람을 구별할 수 있다. 특이한 수의 편노 이동, 불규칙한 간격의 여행 또는 갑작스러운 이동성 붕괴는 해당자를 용의자로 만들 수 있다. 이 의심스러운 리듬 개념은 공항을 통과하는 유럽의 일반적인 사업가들이 보여 주는 아름다운 발레와 같은 움직임이나 적절하고 적당한 일상적인 여행의 움직임이 존재한다는 암묵적인 생각을 내포한다. 따라서 모빌리티 정책에 개입하는 모빌리티 코드가 존재한다고 볼 수 있다.

> 많은 제도 및
> 다양한 권력기관들은
> 우리 삶의 속도를
> 결정짓고
> 우리로 하여금
> 특정한 템포를 따르게
> 하려고 노력한다.

넷째, 어떤 길을 택하는가? 모빌리티는 길을 통해 구현된다. 움직임은 공간 내의 경로와 통로를 따라 퍼진다. 마치 테이블 표면에 물이 쏟아지는 것처럼, 끝없이 이어진 공간에서 규칙적으로 일어나는 것이 아니다. 모빌리티는 '허용 가능한' 경로로 고정된다. 순서와 예측 가능성을 생성하는 것은 움직임을 공간 내에 고정하는 차원을 넘어, 통로를 만들고 움직임이 순환하는 경로를 지정함으로써 적절한 이동성을 생산한다. 이것이 우리가 현재 도시환경에서 보고 있는 것이다. 도시의 시공간은 단순한 길에서 초경량 디지털 연결로 향해 가는 기반 구조의 도면에 의해 왜곡된다. 대도시 지역에서 '고평가된' 지역은 서로 교차되도록 서비스되고, 다른 지역은 이 회로에서 분리된다. 예를 들어, 경관을 가로지르는 고속도로를 생각해 볼 수 있지만, 실제로는 중요한 분기점을 통해서만 고속도로로 출입할 수 있다.

공항과 시내를 연결하는 고속열차는, 둘 사이에 위치한 도시 중심가를 지난다. 이러한 "터널"은 어떤 이들의 속도를 향상시키지만, 길에 남는 이들에겐 더딤을 야기한다. 도로들은 연결을 촉진하며 지형학적 공간을 위상 공간으로, 실제로는 속도학적인 공간[4]으로 변화시킨다. 공간은 더 이상 단순한 지형과 유사하지 않다. 공간은 연결뿐만 아니라 인접성으로도 형성된다.

다섯째, 모빌리티를 어떻게 느끼는가? 장소와 마찬가지로, 인간의 모빌리티는 경험이라는 개념에 기반을 두고 있다. 이동한다는 것은 에너지를 소비하는 하나의 기획과도 같다. 힘들 수도 있고, 사치스럽거나 쾌적한 순간이 될 수도 있다. 대서양을 횡단하는 비행기의 좌석 배치는 모빌리티 정책에 대한 완벽에 가까운 은유이다. 가장 앞쪽에는 이러한 이동에 익숙한 계층을 위한 더 많은 공간이 있고, 그들은 더 나은 식사, 더 많은 산소, 그리고 개인용 화장실, 마사지, 리무진 서비스, 인터넷 연결 등을 향유할 수 있다. 그 뒤에는 이코노미 계층이 있다. 그들은 빡빡하게 들어선 좁은 좌석에 불편하게 앉아 답답해하며 화장실 앞에 줄을 선다. 마지막으로, 착륙하는 비행기 근처에 숨은 채 얼어서 질식한 채로 대도시 변두리로 떨어질까 봐 조마조마해하는 사람들이 있다.

---

4 위상 공간이란 런던 또는 파리 지하철 도표처럼 위상 공간 다이어그램과 같이 지점을 연결하는 기존의 네트워크와 관련하여 공간이 개방되거나 폐쇄되는 방식을 말한다. 질주학적 공간은 주행한 거리가 아니라 두 지점에 도달하는 데 필요한 시간으로 가장 잘 나타나는 속도의 공간이다. 이러한 형태의 공간은 공항에서는 대개 선착장에 도착하는 데 걸리는 시간을 나타내는 신호로 표시되며, 얼마나 멀리 떨어져 있는지를 나타내지 않는다. ─옮긴이

걷기에 대한 이야기로 돌아와 보자. 우리는 많은 사람들이 걷는 것을 즐거워한다고 생각한다. 휴가 기간 동안 트래킹을 하기도 한다. 그러나, 19세기 후반과 낭만주의가 도래하기 전에는 걷는 것이 거의 항상 힘든 노력과 관련되었다. 그 이후에도, 걷는 경험은 즐거움을 위해 걷는 부유한 사람들과 걷는 것이 강요되는 가난한 사람들 사이에서 각기 다르게 나타난다. 미국에서 집을 구매할 때 따져 보는 "시장성" 비율 평가 지수가 있다. 높은 지수는 상점을 비롯한 도시의 혜택을 누릴 수 있는 시설들과의 인접성을 반영한다. 부유한 계급의 사람들과 내가 속한 부르주아 계층의 사람들은 그러한 집을 찾는다. 부동산 온라인 사이트 게시판에서, 매물을 찾는 어떤 잠재적 구매자가 보스턴의 어느 동네가 걷기에 좋은지 물었다. 그러자 누군가가 '가난한 사람들이 모여 사는 동네들'이라는 예상치 못한 답을 남겼다. 가난한 사람들과 잘사는 사람들은 매우 다른 방식으로 걷기를 실천한다.

여섯째, 모빌리티는 언제 어떻게 멈추는가? 다시 말해, 어떤 종류의 마찰에 직면하고 있는가? 공간 연구자들은 "거리 마찰friction de distance"이라는 놀라운 개념을 사용하여 중력 모델 개발의 측면을 정의했다. 이 경우 마찰을 일으키는 것은 두 개 이상의 지점 간 거리이다. 하지만 연결이 점점 더 결정적인 요소가 되어 가는 평평하지 않은 등방성等方性, 무매개성의 세계에서, 마찰 형태는 더 구체적이고 다양하다. 모빌리티의 원인을 살펴보았던 것처럼, 우리는 이제 모빌리티의 중단 이유를 검토해야 한다. 모빌리티의 중단이 우리의 선택이었는가, 아니면 강제된 것인가?

하나의 공간에 불균등하게 분포되어 있는 마찰은 모빌리티 연구의 중요한 요소이다.

새로운 마찰 지점들은 도시의 벽이 아니라 점점 더 새로운 주변 지역으로 확대되고 있다. 도시 풍경은 보안 조치, 비디오 보안 감시, 폐쇄형 주거 장소 등에 따른 모든 종류의 마찰을 포함한다. 이 현상들의 결과 중 하나는 그것이 도시에서 새로운 고정관념을 만들어 낸다는 것이다. 그러므로 우리

분화된 모빌리티 경험들

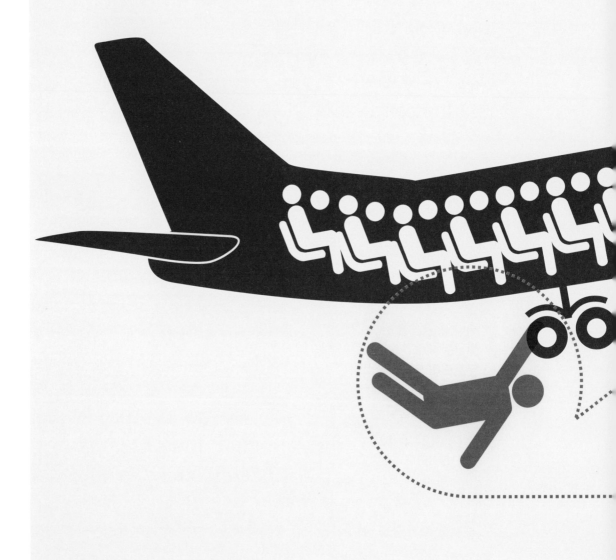

는 그것의 경계를 재고해야 한다. 명확히 정의된 영토의 경계선이 이제 어느 곳에서나 나타난다. 공항은 수직 공간의 경계선이 매우 명확하게 드러나는 장소이다.

이동 리듬이 의심스러워 보이는 일부 사람들은 종종 국경에서 체포된다. 때로는 몇 시간 동안 구금되거나 추방을 당하기도 한다. 서구 대도시에서는 인종 프로파일링과 범죄별 얼굴 기준에 의거해 유색인이 경찰 통제에 걸릴 위험이 점점 더 높아지고 있다. 2001년 9월 11일 이후 런던에서는 중동 사람이라는 이유로 테러 관련 활동에 관여한 것으로 의심받는다. 2005년 7월, 런던 지하철 맨 앞 칸에서 테러리스트로 의심받은 브라질인 장 샤를 드 메네즈가 7발의 총격을 받아 사망했는데, 그는 단지 지하철의 다음 칸으로 옮겨 타려 했을 뿐이었다.[5]

인종 프로파일링은 종종 비백인들이 탑승 전에 구금되고 세관 조사를 받는 서구공항에서도 적용된다. 같은 장소에서 '상류층 사람들'은 휴식을 취하거나 공연을 감상하기도 하며, 어떤 이들은 매우 빠른 속도로 업무를 수행한다. 이렇듯 하나의 공간에 불균등하게 분포되어 있는 마찰은 모빌리티 연구의 중요한 요소라고 할 수 있다.

원인, 속도, 리듬, 경로, 경험, 마찰.

우리의 이동은 모빌리티의 여섯 가지 차원을 지니고 있으며, 이것들은 모두 모빌리티 정책과 관련이 있다. 이러한 모빌리티의 여섯 가지 차원은 현대의 모빌리티 세계를 구성하는 중요한 요소이며, 특정한 정체성과 이동 주체(여행자, 젯셋족, 난민, 불법 이민자, 이주노동자, 학자)의 존재는 물론이고, 걷기부터 항공 비행에 이르는 모빌리티 실천과 밀접하게 연결되어 있다.

---

5 장 샤를 드 메네즈는 전날 일어난 폭탄 테러 시도 용의자 중 한 명으로 잘못 식별되어 스톡웰 지하철역에서 총에 맞아 죽었다. 이 사건들은 52명이 사망한 2005년 7월 6일 폭탄 테러 직후 발생했다. ─옮긴이

모빌리티 성좌

움직임과 의미, 실천을 함께 고려하는 것은 움직임의 역사적 의미, 은유적으로 말하자면 모빌리티라는 별자리 개념에 대해 생각할 수 있게 한다. 어디에서나 끊임없이 모빌리티의 어떤 형태, 의미, 실천이 결합되어 하나의 별자리를 만든다. 아마도 과거의 모빌리티를 살펴보는 것이 더 쉬울 것이다. 예를 들어, 19세기 유럽에서는 합법적인 (그리고 불법적인) 움직임의 정의와 통제가 국가의 손에 쥐어져 있었다. 여권은 조만간 발명될 물건이었고, 막 수립된 국경은 곧 통제되었다. 새로운 교통수단은 이전에는 상상할 수 없었던 규모로 빠른 이동을 가능하게 했다. 자유와 진보로 간주된 모빌리티 서사는 건강하고 윤리적인 순환에 대한 비전을 동반했다. 20세기부터 모빌리티는 현대화의 중심에 놓이게 되었다. 현대 남성, 그리고 점진적으로 현대 여성이 이동하게 되었다. 거리에서부터 철도에 이르기까지 새로운 이동 공간들은 현대화의 상징이 되었고, 관광객, 시민, 세계 관광 여행자, 방랑자 등 새로운 이동 주체들의 탄생을 목격하게 되었다.

오늘날의 상황은 어떤가? 문화이론가들이 소재로 삼는 공간이 기차역에서 공항으로 대체되었다. 우리의 모빌리티는 점점 더 규제되고 국가를 넘어선 권력에 의해 정당화되고 있다. 유엔, 국제물류 기구, 다국적기업 및 유럽연합과 같은 초국가적 구조들은 새로운 이야기들과 이동 공간, 그리고 유럽 시민, 세계 테러리스트, 모빌리티 엘리트 등 다른 종류의 주체들을 만들고 있다. 생체측정 데이터는 우리의 모바일 아이디ID로서 여권을 보완하거나 대체하고 있다.

하지만 최근 이러한 모빌리티 성좌星座들에 대한 반론이 제기되고 있다. 기차역과 국민국가가 지배하던 시절부터 여전히 현저하게 지배적인 별자리들이 남아 있는가 하면, 새로운 별자리도 등장한다. 가장 중요한 것은 기후변화를 대하는 태도와 관련이 있다. 기존의 이동 모델, 모빌리티 의미와 실천은 환경행동 집단에 의해 격퇴되고, 부담이 덜한 환경적 결과를 창출하려는 일부 정부와 기업들은 기존의 지배적인 별자리들을 전복시키고 비판한다. 여기에는 걷기나 자전거, 대중교통과 같은 오래된 이동 형태가 포함되기도 한다.

과거에는 모빌리티 별자리들을 찾는 것이 쉬웠지만, 이제 문제는 그것들이 어떤 방향으로 진화할 것인가, 그리고 그것이 부드럽고 선형적인 전환을 이루지 못하는 과정에서 무슨 일이 벌어지는가이다. 지배적으로 잔존하는 별자리와 새롭게 떠오르는 별자리들의 공존은 필연적으로 혼란과 혼돈을 야기한다.

불안한 모빌리티: 난기류의 중요성

모빌리티는 자주 방해받는다. 모든 형태의 이동성은 예상치 못한 것을 유발시킬 수 있는 잠재력이 있다. 이를 이해할 수 있도록 도입한 것이 '난기류' 개념이다. 난기류, 즉 무질서한 이동성은 어떤 형태의 움직임이 마찰이나 규제 같은 것에 부딪힐 때 발생한다. 어떤 형태의 모빌리

> 동요는 모빌리티 시스템 고장으로 인한 결과가 아니라 모빌리티의 내재적인 요소이다.

티가 움직이지 않는 것과 충돌할 때 마찰이 발생할 수 있다. 또한 다양한 형태의 모빌리티들끼리 충돌할 때에도 마찰이 일어난다. 난기류는 피할 수 없고, 완벽하게 예측할 수도 없다.

우리는 동요가 일어날 줄 알고 있지만, 동요의 장소와 시기, 규모는 알지 못한다. 모빌리티를 창출하고자 할 때, 우리는 반드시 모든 계산과 예측을 넘어서는 동요의 형태로서 모빌리티를 유발해야 한다. 많은 작업(특히 교통계획)은 모빌리티를 유동적이고 예측 가능하게 구상하는 것을 목표로 한다. 신자유주의와 자본주의 세계에서의 운행은 주로 물류物流에 기반을 두고 있는데, 이는 항상 예측 가능한 방식으로 작동한다(사고가 발생해도 지나치게 오랫동안 멈추어 있지 않는다). 예상대로 진행되는 한 이 질서는 가시적으로 드러나 보이지 않지만, 동요가 일어나면 갑작스럽게 눈에 띈다.

이러한 모빌리티 동요의 예로, 인터넷 전송에 사용되는 해저케이블이 크루즈 선박에 부딪혀 절단되는 사고(인도 전역의 접속이 끊길 수도 있는)나 컨테이너 운반선에 가득 실린 운동화나 플라스틱 오리가 전 세계로 흩어져 흘러가는 난파 사고, 혹은 자신들의 존재를 알리고자 조류를 이용하는 테러리스트와 해적들의 시도 등을 들 수 있다.

동요는 사고일 수도 있고, 의도적인 것일 수도 있으며, 붕괴의 순간이자 창조의 순간일 수 있다. 테러리스트와 해적들은 잘 포장鋪裝된 공간을 방해하는 행위의 유용성을 명확하게 이해하고 있고, 정치 투쟁가와 예술가들은 우리로 하여금 우리를 둘러싼 세계의 변화에 주의를 기울이게 하려고 우리를 혼란스럽게 한다. 운동, 의미, 실천이 조합된 모빌리티의 일상적인 세계는 점점 더 질서 있고, 안전하며, 감시되는 세계가 되어 사회적 차이를 생산하고 유지한다. 이러한 질서의 중단은 반드시 나쁜 것은 아니며, 종종 긍정적이고 창조적인 순간이 되기도 한다. 동요는 모빌리티 정책에서 중요한 역할을 하며, 속도, 리듬, 경로 등 앞에서 언급한 모빌리티의 각 측면과 연계되어 발생할 수 있다. 궁극적으로, 동요는 모빌리티 시스템의 고장으로 인한 결과가 아니라, 오히려 모빌리티의 본질적인 요소이다. 전 세계 컨테이너화물 운송이나 항공교통을 이용한 사람들의 이동 내부에 동요의 원인이 있다. 따라서 동요는 소멸하는 시스템이 아니라 작동하는 시스템의 산물이다. 화산이 폭발하고, 공항을 통해 각 나라에 병이 퍼지고, 소말리아에서 해적들이 배를 조종하고, 유조선에서 기름이 유출되고, 해커들이 은행 컴퓨터 시스템에 침투하는 것은 현대 세계의 이동 체계 때문이다. 모빌리티는 현대화의 혈관이자, 이를 파괴하겠다고 위협하는 바이러스이기도 하다.

02

스히폴공항에서의 모빌리티 생성

팀 크레스웰

"국제공항에서 볼 수 있듯이, 불균등하게 분포되는
누군가의 모빌리티는 다른 사람의 모빌리티
(또는 부동성)에 따라 좌우된다."

Market
FOOD
COURT
RESTAURANTS

← ✈ Gates D1-57 | E F G H
⟲ Transfer T4-9

← ✚ First aid
Eerste hulp
⟲ Airline lounges 40-52
By invitation only

Lounge

↖ Baggage hall
← Arrivals hall

Gates B C
Transfer T2-3

Toilets

Crew centre

← ✈ Gates DEFGH
← ⟲ Transfer T4-9

→ 🍴 Grand Café Het Paleis

← 🍴 Mediterranean Sandwich

AMERICAN EXPRESS

암스테르담 스히폴공항의 모빌리티 생성[1]

모빌리티에 대해 살펴보기 위해서는 그것이 의존하는 사회적 틀부터 먼저 고려해야 한다. 나는 모빌리티 생산은 권력관계에 속하는 문제로, 여전히 사회문화적으로 비대칭적인 방식으로 정의되는 것이라고 생각한다. 불균등하게 분포되는 누군가의 모빌리

> **"묘사는 은유보다
> 더 가치가 있다"**
> – 암스테르담 스히폴공항 설치작가
> 제니 홀저

티(또는 부동성)에 따라 달라진다. 우리의 일반적인 믿음과 달리, 모빌리티는 동질성보다는 사회적 차별화를 더 많이 만들어 낸다. 이러한 현상은 포스트모더니즘과 포스트 국가적 흐름의 집중을 가장 잘 상징하는 국제공항에서 구체적으로 관찰할 수 있다. 공항은 자동차와 비행기의 흐름뿐 아니라 개인의 이동이 단순한 신체의 움직임으로 치환되는 것을 관리하는 장소다. 승객들은 줄을 선 채 천천히 앞으로 나아가면서 전진한다. 그것은 이동권, 교통 자유에 관한 세계적 담론의 물리적 전형이다. 사람들의 몸과 마찬가지로 전 세계에서 모인 비행기의 흐름은 공항에서 길을 만들

---

1 *On the Move: Mobility in the Modern Western World* (Routledge New-York/London, 2006), chapter 9에 실린 글을 일부 번역한 것이다.

며 움직인다. 네덜란드 암스테르담 스히폴공항 내부와 그 주변에서 개인들의 움직임이 생산되는 체계를 살펴보기 전에, 20세기 말과 21세기 초에 출현한 유목민적 세계의 은유로서 공항을 가정해야 한다.

은유로서의 공항

공항은 현대성과 포스트모더니즘 논쟁에 꼭 필요한 대상이 되었다. 모빌리티 연구는 공항을 인간 이동의 공간적 조직의 진화를 이해하는 데 이상적인 장소로 여겼다. 최근 영국 더럼대학의 문화지리학 교수 마이크 크랭Mike Crang이 이야기한 것처럼, 우리 모두가 여행을 많이 하는 세계화된 세계를 이해하려면 우선 모빌리티를 만드는 장소와 교차로부터 이해해야 한다. "세계화된 세계의 모든 공간들 중에서 아마도 공항이 가장 상징적일 것이다." 하지만 공항이 무엇을 상징하는가? 이것이 우리의 논쟁 주제다. 첫째, 공항은 실제로 존재하는 한정된 고정 공간과는 완전히 반대되는 공간이며, 마르크 오제Marc Augé가 말한 것처럼 "탈장소hors-lieu", "비장소non-lieu"라고 할 수 있다.

> 비장소는 시대의 측정치라고 할 수 있다. 이는 정량적 측정치이자 면적, 부피, 거리, 항로, 철도, 고속도로 및 비행기, 기차, 자동차와 같은 '이동 수단' 의 실내 공간, 우주항공 정거장, 대형 호텔 체인, 놀이공원과 대규모 유통 장소가 복잡한 유무선 네트워크들 사이의 대화와 맞바꾼 외부 공간을 동원하여 서로 다른 자기 이미지와 접촉하는 경우가 많다.[2]

오제의《초근대성의 인류학Une anthropologie de la surmodernité》은 전 세계 공항을 드나

---

2 Marc Augé, *Non-Lieux. Introduction à une anthropologie de la surmodernité*, Le Seuil, 1992.

드는 항공 여행자의 관점을 택했다. 오제의 책은 인류학자들로 하여금 고정되지 않고 움직이는 세계의 차원을 고려하도록 유도한다. 일부 작가들은 공항이라는 소우주에 대해 자부심마저 가지고 있다. 건축가 한스 이버링스Hans Iberlings의 열정 어린 설명을 살펴보자.

> 1990년대에 공항은 포스트모던했던 1980년대의 박물관과도 같은 곳이었다. 여러가지 현대적 주제들이 융합되고 다양하고 흥미로운 토론이 이루어지는 장이었다. ⋯ 모빌리티, 접근성, 인프라는 당시 아주 근본적인 주제로 간주되었고, 열린 세계로의 무제한적인 접근은 당대의 이상이었다.[3]

이버링스가 묘사한 공항은 "세계화와 관련된 오늘날의 생활 방식에 적합한 매력적인 모델로, 이 세계 속에서 각각의 개인들은 각자의 '시차時差'를 생물학적 시계에 동화시키며, 시간과 공간은 완벽하게 상대적인 것이 된다." 이러한 열정적인 분석을 공유하는 이아인 체임버스Iain Chambers 같은 문화사회학 전문가들은 공항 대기실에서 흐름, 역동성 및 모빌리티의 동시대적인 상징을 발견한다. 체임버스는 국제공항에서 궁극의 표현법으로 드러나는 포스트모더니즘의 세계를 관찰한다. "그곳은 쇼핑센터, 식당, 은행, 우체국, 전화, 술집, 비디오게임, TV가 비치된 의자, 보안요원들이 존재하는 도시의 축소 모형이다. 거대도시의 축소 모형이라고 할 수 있는 공항에는 현대의 유목민 공동체가 거주하고 있다. 여행의 즐거움이란 멋진 목적지에 도착하는 것뿐만 아니라, 별다른 특징 없는 곳에 있는 스스로를 발견하는 것에 있다는 것을 일깨워 주는 범세계적 존재에 대한 은유라고 할 수 있다."[4] 페미니스트이자 이론가인 로지 브라이도티Rosi Braidotti 역시 공항에 대한 이러한 시각에 동의한다.

---

3 Hans Iberlings, *Supermodernism: architecture in the age of globalization*, Rotterdam: NAI Publishers, 1998.

4 Iain Chambers, *Border Dialogues: Journeys in Postmodernity*, London, New York: Routledge, 1990, p. 57-58.

나는 여행과 관련된 경유 공간에 특별한 애정이 있다. 기차역, 공항 대기실, 트램, 셔틀버스, 체크인 구역. 모든 연결 고리가 차단되는 중간 영역에서 시간은 일종의 연속적인 현재로 연장된다. 무소속의 오아시스, 분리의 공간. 임자 없는 땅.[5]

속도와 모빌리티에 대한 대부분의 물신숭배는 남성 연구자들의 독점 영역이라고 할 수 있는데, 이는 "남자아이들이 집착하는 장난감들"과 매우 관련이 있어 보인다. 이런 점에서, 브라이도티의 "특수한 애착"은 이례적이다. 어쨌거나, 공항이라는 공간이 흐름의 세계를 성찰할 수 있는 최고의 장소가 되었다는 점은 확실하다.

공항이 서로 모르는 사람들이 만나고 교차하는 장소인 공공 광장의 현대적 대체물이라는 건축평론가 데얀 서직Deyan Sudjic의 주장은 현재 공항에 부여된 광휘와 중요성을 전형적으로 드러내 준다. 건축 컨설턴트 고든 브라운Gordon Brown은 "여행은 더 이상 특별하고 해방적인 활동이 아니다. 여행은 표준화되었고 많은 사람들의 일상적인 도시 생활의 일부가 되었다. 대부분의 미국 도시들보다 더 많은 활동이 이루어지는 공항은 더 많은 사회적 다양성을 지닌 자치도시가 되었다"는 사실에 동의한다. 여행 칼럼니스트인 피코 아이어Pico Iyer 역시 이러한 주장에 힘을 보탠다.

> 공항은 대부분의 미국 도시들보다 더 많은 활동이 이루어지고, 더 많은 사회적 다양성을 지닌 자치도시가 되었다.

그는 (이용객들에게 LAX라는 애칭으로 불리는) 로스엔젤레스 국제공항이 예배당, 헬스장, 박물관을 갖춘 자치 공동체라고 주장한다. 그에 따르면, 공항은 "포스트 국가 시대의 새로운 진원지이자 패러다임이며, … 지구촌의 버스 정류장으로서…, 어떤 면에서 다국어를 사용하는 각양각색의 활기 넘치는 우리 미래의 원형"이다. 물

---

5 Rosi Braidotti, *Nomadic Subjects: Embodiment and Sexual Difference in Contemporary Feminist Theory*, New York: Columbia University Press, 1994, p. 18.

론, 모빌리티는 "거대한 세계의 회전목마의 한 단계이자 전 지구적인 테마의 간단한 변용"인 새로운 공공공간의 형성에 결정적인 역할을 한다. 대중 관광은 가까이에 있는 상파울루와 마찬가지로 서울을 L.A.의 이웃 도시로 만들었고, 이 도시들은 도쿄의 위성도시들이 되었다." 아이어는 "우리는 공항에서 먹고, 자고, 샤워하고, 기도하고, 울며, 키스한다"는 말로 전 세계를 여행하는 데 익숙한 서양의 작가들과 학자들의 주장을 요약한다. 여기서 '우리'가 누구인지에 대한 정체성 문제는 독자의 상상에 맡긴다.

공항터미널을 글로벌 모빌리티를 개념화할 수 있는 특별한 장소라고 가정해 보자. 지리학자 케빈 헤더링턴Kevin Hetherington은 공항을 18세기의 카페나 19세기 길거리의 (포스트)모던한 상응이라고 주장한다.

> 우리는 지적 활동의 장소가 비장소로 이동하고 있는 것을 확실히 목격하고 있다. 오제는 우리 미래의 고독한 삶의 모습과 이러한 비장소들을 연결시켜 바라보았다(우리 모두는 지적인 글쓰기가 매우 고독한 훈련이라는 것을 알고 있다). 공항 대기실, 보나벤투라 호텔, 컨벤션 센터, 고속도로와 비행기 그 자체.[6]

공항은 우리가 포스트모던한 세계의 역사와 그 경험을 써내려 가는 곳이다. 사업가와 지식인들은 미팅 또는 회의 사이의 많은 시간을 공항에서 보낸다.

그들은 피코 아이어가 "세계 정신"이라고 부르는 것의 아바타이다. 모빌리티 엘리트에 속하는 이들은 그들 각자의 이동 경험(개인적인 지리적 경로)을 일반적이고 보편적인 조건에서 선택할 수 있다.

공항 공간을 개발하고 장려하는 새로운 방식에 따르면, 히드로나 스히폴, 상하이

---

6 Kevin Hetherington, "Wither the World? Presence, Absence and the Globe", in *Mobilizing Place, Placing Mobility : The Politics of Representation in a Globalized World*, ed. Tim Cresswell and Ginette Verstraete, Amsterdam: Rodopi, 2002, p. 173-179.

공항 혹은 LAX와 같은 공간은 사람들이 전반적으로 만족할 수 있는, 국적도 계급도 폐지된 일종의 유토피아적이고 초국가적인 공간일 것이다. 이러한 결론이 어디서 나왔는지는 이해할 수 있다 하더라도, 모빌리티 정책에 대한 심각한 접근법으로 강조된 공항의 실제 경험의 일부 측면을 삭제한다는 점은 여전히 놀랍다. 사실, 모든 공항의 터미널 이용객이 같은 방식으로 이동하지 않는다. 마이크 크랭이 지적했듯이, 공항은 "초국가적이고 글로벌한 공간"으로 인식될 수 있지만, 이는 마요르카섬에서 공항 셔틀버스의 부재로 피곤에 지친 아이들을 둔 가족에게는 그다지 와 닿는 말이 아니다.[7] 스히폴공항의 설치작가 제니 홀저Jenny Holzer의 말대로, "묘사는 종종 은유보다 더 가치가 있다."

> 모빌리티 엘리트에 속하는 이들은 그들 각자의 이동 경험을 일반적이고 보편적인 조건에서 선택할 수 있다.

예를 들어, 전 세계 공항 공간을 생산하는 다양한 모빌리티와 공항 공간이 생산하는 모빌리티에 대해 생각해 보자. 먼저, 탑승을 기다리는 승객들을 살펴보면, 공항 라운지는 인터넷으로 할인 탑승권을 구매한 이지젯EasyJet(영국의 저비용 항공사―옮긴이) 항공편의 승객이 아닌 특권층 여행객들을 위한 전용 공간이다. 지구상의 그 어떤 장소도 동력학적인 위계를 이토록 명시적으로 드러내지 않는다. 영국 항공사 버진애틀랜틱Virgin Atlantic에서 가장 호화로운 여행을 하는 사람들은 '상류계급'에 속한다. 다른 항공사에서는 같은 유형의 승객을 'VIP' 또는 '엘리트'라고 부른다. 만약 당신이 일등석을 탄다면, 당신의 집으로 데리러 올 리무진을 요청할 수 있다. 일등석 여행객의 모빌리티에는 그 어떤 마찰도 존재하지 않는다.

런던 히드로공항에 도착한 버진 항공사의 일등급 승객들은 입국 수속 시 빠른 줄에 설 수 있다. 공항에는 모빌리티 엘리트들을 위한 전용 대기실이 있다. 자주 여행

---

7 Mike Crang, "Between Places : Producing Hubs, Flows, and Networks", in *Environment and Planning A*, volume 34, 2002, p. 573.

하는 사람들은 이 사실을 잘 알고 있다. 어떤 이들은 처음으로 비행기를 타고 하늘을 나는 것을 기적이라고 생각한다. 따라서 공항은 가끔 여행을 하거나, 크랭이 언급한 마요르카섬으로 가는 가족처럼 저렴한 가격의 패키지여행을 떠나는 이들을 위한 공간이라기보다는 세계적인 모빌리티 엘리트들을 위한 장소다. 이민자, 난민, 망명자들 또한 공항을 지나간다. 배에 코카인을 가득 채운 채 강요된 마약 밀반입을 하는 이들도 있다. 항공사 직원, 조종사, 승무원, 정비사, 등록 및 서비스 유지 관리 담당자도 있다. 주요 공항에는 매일 공항과 공항 근처를 오가는 셔틀을 운행하는 많은 인력이 있다. VIP, 이주노동자, 공항 직원들 모두 이동 중이다. 그들의 모빌리티는 공항이라는 연결 매듭을 만듦으로써 가능해지지만, 모빌리티는 다양한 의미를 가지고 있다. 세계가 더 유동적이 되었다는 것을 관찰할 수 있다고 해서 그 풍요로움이 평등해지는 것은 아니다. 공항이 계급과 국적의 차이를 제거한다고 주장하는 것은 우리가 문자 그대로 계급으로 분리되어 있고, 여권을 보여 주어야 어디서 왔으며 어디로 갈 수 있는지 망설임 없이 결정하는 것을 허가받을 수 있는 공간에 대한 주장이라기에는 정말 이상하다. 신체적인 움직임의 경험은 시민, 외국인, 관광객, 사업가, 조종사 등 우리가 소속된 범주에 따라 달라질 것이다.

이제 공항에서의 공간 구성에 대해 생각해 보자. 이 구성은 점점 더 모델링 소프트웨어에 통합된 모빌리티 가설의 산물이 되어 가고 있다. 수속 데스크 앞의 대기 줄, 즉 이코노미 클래스 창구의 긴 줄과 일등석 창구 앞의 빈 줄 등을 떠올려 보라. 출국장에는 대기실, 가게, 식당 등이 구분되어 있다. 입국장에서는 유럽인과 비유럽인의 출입국 통제 줄이 서로 다른 속도로 진행된다. 나는 최근 볼로냐에서 아주 빠르게 입국 수속을 마쳤다. 그들은 내 여권을 짧게 살펴보기만 했다. 그런데 알바니아에서 온 비행기가 동시에 착륙했고, 입국 수속 대기줄은 거의 움직이지 않았다. 나의 동료들은 미국 국적이어서, 경찰이 그들의 여권을 메모하고 유럽인 전용 라인으로 그들을 부르기 전까지 알바니아인과 같은 줄에 서 있어야 했다. 이것이 바로 모빌리티와 고정성 정책, 즉 소규모의 지정학적 모빌리티의 핵심이다.

입국심사를 통과하면 세관이 있다. 세관에서는 누가 왜 체포되는가? 신체검사를 받아야 하는 이들에게는 어떤 종류의 부동성이 주어지는가? 매년 많은 사람들이 첫 비행기로 그들의 집으로 돌려보내진다.

요약하자면, 국제공항처럼 움직임을 세분화하고 계층화하는 장소도 없다. 공항에 적용되는 모빌리티 정책의 이론적 틀은 모빌리티가 전개되는 지리적 규모의 상호의존성을 드러낼 수 있다. 공항은 종종 세계화와 초국가적 정체성의 상징으로 여겨지지만, 그것은 또한 신체적 차원으로 전개되는 모빌리티 정책이기도 하다. 일반적으로 공항과 항공 여행은 편안함과 불편함, 서비스 또는 체포되고 조사되는 신체에 대한 진정한 고문으로 가득 차 있다. 어떤 사람들은 우선순위 줄에 서고 비즈니스 클래스 라운지에서 마사지를 받을 수 있다. 반면에 어떤 사람의 시신은 착륙한 비행기의 객차에서 냉동된 채로 발견된다. 비행기에 탑승하고 나면, 일등석 승객들은 더 많은 산소와 화장실을 이용할 수 있다. 그러나 이코노미석 승객들은 비행 내내 가득찬 방광과 두통을 견뎌야 한다.

> 국제공항처럼
> 움직임을
> 세분화하고 계층화하는
> 장소도 없다.

그러므로 세계적인 유목민주의와 포스트모던 공간으로서 공항의 상징이 파괴되어야 한다는 것은 명백하다. 공항을 움직임과 의미, 그리고 권력이 만나는 공간으로 간주하면 이러한 해체를 수행할 수 있다. 모빌리티 정책의 이론적 틀을 이용하는 것은 다양한 모빌리티 경험 간의 관계, 모빌리티 및 그 저항의 관계에 대한 주의를 환기시킨다. 이 정책은 현대 세계에서 모빌리티가 차지하는 중요성을 인정하지만, 그것을 기술적-유토피아적 일반 조건과 혼동하지 않는다. 오히려 모빌리티 생산과 소비에 유리한 특정한 맥락의 중요성을 강조한다.

스히폴에 모인 사람들:
계보학적인 경로에서 지리적인 행로로

네트워크, 통신 교점과 모빌리티는 종종 역사적 맥락에서 벗어난 지리적 공간으로 제시된다. 마치 마술사의 모자에서 나온 것처럼 말이다. 이러한 비역사적인 접근 방식은 부분적으로 현재의 세계가 이전보다 더 균일하다는 이론가들의 가설로 뒷받침된다. 네트워크는 공간과 시간을 점점 덜 중요하게 만든다고 그들은 말한다. 그러나 스히폴공항과 같은 흐름의 공간은 그것을 통과하는 네트워크들을 배태시킨 순수한 역사의 산물이다.

스히폴공항은 제1차 세계대전 시기 군사공항으로, 암스테르담·로테르담·헤이그·하를렘 가까이에 있는 농지를 매립한 하를렘메르미어라는 지역에 건설되었다. 공항 북동부에는 남서풍이 몰아쳤을 때 큰 위험을 야기한 깔때기 모양의 담수호가 있었다. 이곳은 '스히폴' 혹은 '쉽스홀'(배들의 구멍)이라 불렸는데, 실제로 많은 배들이 그곳에서 가라앉았다. 이후 그 담수호의 물을 다 빼는 공사가 마무리된 1848년, 주변에 제방이 건설되었다. 구근식물을 재배하던 이들이 비옥한 토양을 활용하기 위해 이곳에 정착했다.

첫 번째 상업 비행은 1920년 5월 17일에 실시되었고, 런던과 암스테르담 사이의 첫 번째 항공편은 같은 해 7월 5일에 개통되었다. 이후 암스테르담-함부르크, 암스테르담-코펜하겐 (1920년 9월) 노선이, 암스테르담-파리(1921년 9월), 암스테르담-베를린(1923년 4월) 정기 노선이 개통되었다.

1920년에 400명의 승객들이 스히폴공항을 통과했다. 제2차 세계대전 직전에 공항이 파괴된 직후, 스히폴공항을 거쳐 간 승객은 거의 10만 명에 달했다. 1938년, 스히폴공항은 네덜란드의 국립 공항이 되었다.

제2차 세계대전과 스히폴공항 폭격 이후, 새로운 국립 공항의 위치에 대한 논쟁이 벌어졌다. 스히폴공항은 잿더미에서 다시 태어났고, 1945년에 네덜란드 국제공항으로 지정되었다. 새로운 활주로가 접선을 이루며 건설되었다. 1958년, 스히폴공항은 국가가 76퍼센트의 주식을 소유한 주식회사가 되었다. 1979년이 되어서야 네덜란드 정부는 다른 곳에 국립 공항을 건설하려던 계획을 완전히 포기했다.

1960년대에 스히폴공항은 계속 번창했고, 1964년경에는 두 개의 활주로와 표준 터미널을 갖추게 되었다. 승객들 외에도, 150만 명의 방문객들이 비행기를 구경하기 위해 공항을 찾았다. 스히폴공항은 홍보 브로셔를 통해 은행, 자동차 대여 서비스, 샤워 시설, 면세점 등을 갖춘 진정한 '항공 도시'가 되겠다고 밝혔다. 스히폴공항은 암스테르담에서 15분 거리에 있으며 1만 5천 명의 직원을 고용하고 있다. 이곳은 유럽의 관문처럼 보인다. 사실, 대부분의 승객들에게 암스테르담은 여행의 시작과 끝이 아니다. 스히폴공항은 오히려 다양한 항공편들을 이어 주는 연결 포인트 또는 허브 역할을 한다. 지역민들만으로는 이러한 대규모 공항을 운영할 수요를 창출할 수 없을 것이다. 스히폴공항은 경유 승객들을 위해 여권 검사를 생략하고 수많은 면세점에서 쇼핑을 장려하는 단순화된 시스템을 개발했다.

> 스히폴공항은 경유 승객들을 위해 여권 검사를 생략하고 수많은 면세점에서 쇼핑을 장려하는 단순화된 시스템을 개발했다.

1977년, 세계 각지에서 온 911만 4,974명의 승객들이 스히폴공항을 통과했다. 이 공항은 유럽의 관문이 되었다. 1990년대에 스히폴공항은 유럽의 네 번째 공항이 되었다. 35만 대의 항공편을 이용하는 1,800만 명의 승객이 방문하고, 508개의 항공사가 3만 6천 명의 직원을 고용하고 있다. 스히폴공항은 런던, 프랑크푸르트, 파리 공항들과 항공편을 갈아타는 사람들(공항을 떠나지 않고 갈아타는 사람들)을 두고 경쟁하고 있다. 승객들이 50분 만에 항공기를 갈아탈 수 있는 특별한 터미널 덕분에 스히폴공항은 운송 플랫폼 시장에서 우위를 차지했다. 만약 이 기능이 사라진다면, 스히폴공항은 유럽 공항 중 10위권 공항으로 내려앉을 것이다. 스히폴공항터미널 아래에 설치된 지하철역을 통해 공항은 철도망과 훌륭한 연결된다. 또한, 스히폴공항은 상점들과 면세점들로 잘 알려져 있다. 항공교통이 증가하면서 건물도 진화하여 더 많은

항공기를 수용할 수 있는 부속 시설을 갖추게 되었고, 터미널은 수용 인원수를 확대하고 제어탑은 점점 높아졌다. 많은 도로와 철도망이 스히폴공항으로 향하는 교통량을 유입시키고, 파이프라인은 로테르담에서 출발한 항공기에 필요한 연료를 운반한다. 오늘날의 스히폴공항은 완전히 놀라운 공간이다.

어떤 면에서 스히폴공항은 매우 인기 있고 활기찬 공항이며, 다른 한편으로는 쇼핑센터와 오락 시설, 그리고 제3의 활동 구역이기도 하다. 스히폴공항의 버거킹은 세계에서 가장 많은 사람들이 이용하는 패스트푸드점이다. 공항 지점은 암스테르담 시내 중심부에 위치한 같은 브랜드의 상점보다 10배 높은 매출을 기대할 수 있다. 인근 비즈니스 센터의 사무실 면적은 도시 중심가보다 훨씬 더 높은 임대료를 요구한다. 공항에는 상점, 식당, 사무실 외에도 박물관, 카지노, 호텔, 마사지 라운지, 컨퍼런스 센터, 어린이 놀이터 등이 있다. Wi-Fi존에서는 노트북으로 이메일을 확인할 수 있다(Wi-Fi는 'Nomadix'라는 업체가 제공한다). 공항 지하에 있는 철도역을 이용하면 10분 내에 암스테르담으로 갈 수 있고, 좀 더 멀리 떨어진 곳으로도 갈 수 있다.

스히폴공항은 세계적인 성공 사례라고 할 수 있다. 스히폴공항은 현재 세계에서 가장 중요한 공항들 중 하나이며, 승객들에게 매우 인기 있는 공항이다. 스히폴공항이 모빌리티에 미치는 영향은 전 세계적으로 우선시되며 확산 중이다. 이곳은 현대적 시공간 압축 과정이 시작된 곳이자, 이러한 시공간 압축 그 자체로 구성된 공간이기도 하다. 1936년부터 발행된 공항 광고 팜플렛은 이 측면을 중요하게 보여 주는데, 당시 네덜란드령 동인도로의 이동 시간을 (단 5일 반으로) 단축하려 했음을 알 수 있다. 이는 아마도 스히폴공항의 모빌리티와 관련하여 가장 인상적인 이야기일 것이다. 이 장소는 또한 다른 규모의 모빌리티 생산에도 관여하고 있다.

셴겐 지역의 공간(들)

유럽 차원의 모빌리티를 살펴보자. EU(공식적으로는 유럽경제공동체)는 창설 이래 모빌리티에 대한 권리를 유럽 헌법의 중심에 두고 있다. EU의 발전은 개인, 상품, 정보 및 자본의 이동을 제한하는 장벽을 점진적으로 줄이는 것으로 볼 수 있다. 국경 통제는 점진적으로 폐지되었고, 여권 및 기타 서류에 대한 더 간략한 검증으로 대체되었다. 이 과정은 1985년 체결된 셴겐협정으로 강화되었고, 이후 10년 동안 대부분의 국가에서 시행되었다. 이 협정의 목적은 이동에 소요되는 시간과 노력을 줄여 시장 권력의 자유화를 촉진하는 것이었다. 그렇게 함으로써, 유럽은 미국 및 일본과의 경쟁에 동참할 수 있게 되었다. 셴겐협정은 국가 소유권을 초월하고 회원국 간의 갈등 위험을 줄이는 유럽 '공동체'를 위한 이념적 약속으로 여겨졌다.

 '셴겐 지역' 내의 이동 자유에 대한 약속과 더불어, 이 협정의 두 번째 목표는 불법 이민, 테러, 마약 밀매를 방지하기 위해 유럽의 외부 국경을 강화하는 것이었다. 지네트 베르스트라에트Ginette Verstraete가 지적한 바와 같이, "유럽인과 비유럽인을 구분하기 위한 새로운 국경이 확립되었고, (허용된) 여행과 (허용되지 않은) 이민을 구분하기 위한 새로운 국경이 확립되었다. 일부(시민, 관광객, 사업가)의 자유로운 모빌리티는 불법 체류자, 이민자 또는 피난민으로서 강제적으로 이주해야 하는 다른 사람들을 조직적으로 배제함으로써 가능해졌다."[8] 이러한 대륙 규모의 모빌리티 차별화는 지역 공간 재편성과 보안 감시 관행을 통해 구현되었다. 초이동성 시대에 셴겐의 '외부 국경'은 그 당시 회원국들의 영토 경계뿐만 아니라 공항과 항구로도 설계되었다. 특히 공항은 수평이 아닌 수직 공간에 있는 독특한 형태의 '공중 국경'이라고 할 수 있다. 유럽의 국경이 맨체스터, 암스테르담 또는 볼로냐에 있다고 생각하는 사람은 거의 없지만, 이들 도시의 공항은 분산된 수많은 국경의 매듭을 이루고 있다. 셴겐

---

8 Ginette Verstraete, "Technological Frontiers and the Politics of Mobility in the European Union", in *New Formations*, volume 43, 2001, p. 29.

지역은 이러한 이동의 매듭 안에서 실현되고, 물리적으로 구성된다.

셍겐협정은 국경을 폐지하는 방안으로 제안되었지만, 동시에 국경을 확대하고 새로운 종류의 경계를 구성하는 것으로 간주될 수 있다. 새롭게 생겨난 모빌리티로 인해 이탈리아 사업가가 독일로 가거나 벨기에 관광객이 그리스로 가기는 더 쉬워졌는지 몰라도, 외부로부터 유럽으로 진입하기는 훨씬 더 어려워졌다.

유럽 차원의 모빌리티와 그 제약에 관한 셍겐협정은 이제 '자유'를 통해 여행할 수 있는 유럽 국가들의 셍겐 지역을 생산한다. 그것은 또한 다른 유럽 공항과 마찬가지로 스히폴공항에서 해결해야 할 일련의 문제들을 야기한다. 다른 형태의 셍겐 지역들은 지역 차원 및 소규모 지역 차원에서도 생성된다. 이 협정은 회원국들 사이의 자유로운 이동을 보장하고자 조인되었다. 이는 스히폴공항에 셍겐 지역 주민들과 비非주민이라는 두 가지 범주가 있음을 의미한다. 암스테르담공항의 현지 맥락에서, 이는 특히 모빌리티 생산의 중요한 단계였다.

셍겐협정 이전에 스히폴공항은 국제 여객 운송을 하는 평범한 국제공항이었다. 예를 들어 런던의 히드로공항이나 파리 샤를드골공항과 달리, 스히폴공항은 국내 항공편은 많이 운항하지 않았다. 매우 적은 수의 국내 항공편만이 편성되었으며, 암스테르담에서 이 공항이 담당하는 국내 승객 운송률도 비교적 낮았다. 스히폴공항은 이 상황을 딛고 국제 네트워크에서 엄청난 성공을 거둔 허브 공항으로 도약했다. 갑자기 도착한 많은 승객들은 여권 검사를 통과하지 않아도 되는 '국내 승객'이 된다. 이것이 스히폴공항의 수석 건축가였던 얀 벤템Jan Benthem이 가장 먼저 직면한 문제였다.

원래 빌딩의 탑승 구역에서는 국제선 승객과 유럽인들이 하나의 수준에 혼합되어 있었기 때문에 구조를 변경해야 했다. 출발층과 도착층이 같은 단계에 있어 모든 사람이 거기서 섞여 있었기 때문에 이들을 분류해서 추출해야 한다면 셍겐협정 권역에 속하는 사람들을 어딘가로 분리하거나, 혹은 두 번째 단계를 계획하여 각각의 문이 양방향으로 작동할 수 있도록 해야 했다.

이 문제를 해결하는 것은 매우 어려웠다. 왜냐하면 상황이 앞으로 어떻게 전개될지 알 수 없었고, 향후 5년 내에 공항 면적을 두 배로 늘려야 할지 말지를 결정해야 했기 때문이다.

벤템이 직면한 문제 중에는 스히폴공항이 다른 주요 공항들과 달리 단일 공항 개념을 기반으로 운영된다는 점이 있었다. 실제로 스히폴공항의 가장 두드러진 장점은 승객과 수화물 흐름에 비춰 항공기를 쉽게 배치할 수 있다는 것이다. 두 번째 장점은 이러한 구성이 항공기를 빨리 바꿔 타야 하는 승객들에게 매우 바람직하다는 점이다. 셴겐협정이 스히폴공항의 건축 공간에 초래한 결과는, 하나로 뒤섞여 흐르던 승객의 흐름을 분리해야 할 필요성이었다. 이 프로젝트의 실현을 두고 끊임없는 논의가 있었다. 스히폴공항은 단 하나의 공항이지만, "터미널 1에서 터미널 3"이라고 불리는, 서로 연결된 세 공간으로 나누어지게 되었다. 첫 번째 아이디어는 터미널 2를 셴겐 지역 이동에 할당하는 것이었다. 그러나 '국책' 항공사인 KLM[9]은 큰 비용을 들여 자신들의 사업을 여러 개의 터미널로 분할하는 것을 원치 않았다. 1992년 공항 경영진은 승객의 목적지와 출처를 기준으로 공간을 구분하는 대신에 항공사별로 분할하기로 결정했다.

터미널 3은 유럽 노선을 거의 또는 전혀 운행하지 않는 항공사, 터미널 2는 KLM에게 할당되었으며, 나머지 다른 항공사(셴겐 지역 및 외부 노선)는 터미널 1에 통합되었다. 이런 식으로 공항을 분할하면, 활주로는 셴겐 지역과 비셴겐 지역 사이로 분리되며, B와 C는 셴겐 지역 내 이동을 위한 탑승장이 되고, E · F · G는 셴겐 지역 바깥의 이동을 위한 탑승장이 된다. 가장 복잡한 공간은 셴겐 지역과 비셴겐 지역 사이의 경계를 나타내는 D 플랫폼이었다. 이 공간은 또한 두 세계 사이를 연결하는

---

9 KLM네덜란드항공(KLM Royal Dutch Airlines). 에어프랑스- KLM(Air France-KLM)의 자회사로, '카엘엠'으로 불린다. 세계 최초의 항공사로, 1919년 10월 전직 조종사인 네덜란드인 알베르트 프레스만Albert Plesman과 기업가들이 설립하였다. 당시 여왕 빌헬미나가 회사명에 로열이라는 단어를 붙이는 것을 승인하여 이 이름이 지금까지 사용되고 있다. ―옮긴이

역할을 해야 했다. 미국발 프랑크푸르트행 항공기가 탑승장을 바꿔야 하는 상황을 어떻게 막을 것인가.

공항 공간에서
합법적으로 이동함으로써,
시민들은 그들의
유럽 정체성을 실현한다.

두 가지 형태의 이동을 결합하기 위해, D 플랫폼을 수평과 수직으로 나누어야 했다. 원래 복도는 유리로 된 수직벽으로 수평으로 분리되어 있었으나, 1996년 탑승장 위로 두 번째 층을 올려 수직으로도 분할했다.

마지막으로, 세관 및 출입국 통제 절차 문제가 남았다. 단순한 범용 여권 검증을 수행하는 장소에는, 비셍겐협정 국가 승객과 여권을 제시할 필요가 없는 셍겐협정 국가 시민을 구분할 일련의 선을 설치해야 했다. 공항 내에 이러한 새로운 공간들을 만들어 내는 것은 줄지어 움직이는 신체의 관리, 하드웨어 공간의 조직, 그리고 유럽의 자유로운 이동 이데올로기와 관련이 있었다. 그런 의미에서, 스히폴공항의 안정화는 유럽 시민들을 위한 완전히 새로운 흐름의 공간을 만드는 데 기여했다.

공항 공간에서 합법적으로 이동함으로써 시민들은 그들의 유럽 정체성을 실현한다. 이는 유럽연합 문서에 확실하게 명시되어 있다. 예를 들어, 최근의 유럽 협약 텍스트는 이동에 대한 권리가 유럽에서 가장 중요한 기본 권리라는 오랫동안 확립된 생각에 힘을 실어 주고 있다. 유럽위원회의 문서는 모빌리티에 관한 이 권리의 의미를 매우 확실하게 명시하고 있다 .

직업상의 이유로 유럽 내에서 자국 내에서와 마찬가지로 이동할 수 있는 권리와 자유로운 통행은 가장 명백하게 시민들에게 유럽연합의 존재를 상징하는 것이다.

유럽연합에서 사람들의 자유로운 이동을 방해하는 장벽은 지난 25년 동안 낮아졌다. EU 국가 간 국경에 서 있는 차량 대기 줄은 과거의 이야기이다. 유럽연합의 시민들은 이제 단일 국가 내에서처럼 유럽 전역을 누비며 여행하거나 일할 수 있게 되었다.

자유로운 유럽 시민이 되는 수단으로서 모빌리티를 장려하는 행위는 형식적인 권리보다 훨씬 더 폭넓게 이루어진다. 유럽위원회가 발행한 유럽 시민권 홍보물은 이 문제를 명확하게 밝히고 있다.

> 오늘날 유럽 통일을 상징하는 12개의 금빛 별들이 그려진 하늘색 국기가 공공건물 앞에 점점 더 자주 펄럭이는 광경을 볼 수 있다. … 공항 입국장에서 "유럽 공동체"라고 쓰인 표시를 따라가 1985년부터 디자인이 통일된 여권을 보여 주면서 어떤 시민이 만족감을 느끼지 않겠는가?

유럽 운전면허증, 의료서비스 협약, 이동전화 전송자유구역, 세관 폐지, 공항의 EU 전용 줄, 국경 이동 시 여권 확인 생략 등 홍보물은 유럽 정체성 의식의 형성에 도움이 되는 다양한 모빌리티 기술 및 실천을 계속 나열한다. 모빌리티 실천은 자유, 시민권, 그리고 유럽 정체성에 대한 감각을 불러일으킬 것이며, 시민권은 이동의 자유를 경험함으로써 창출될 것이라고 강조한다. 모빌리티의 표현과 이데올로기는 유럽의 여러 가지 도상들을 통해서도 드러난다. 예를 들어, 유로화 지폐는 실제 존재하지 않는 다리와 문의 이미지를 보여 줌으로써, 특정 회원국을 우대한다는 비난을 피해 갔다. 그들의 목표는 일반성을 보여 주는 것이다.

유럽 차원의 이동 공간(공항 및 선착장)을 구축할 때 마지막으로 고려해야 할 점이 인체에 대한 분류이다. 어떤 이들은 강제로 줄을 서야 하고, 어떤 이들은 빠르고 막힘없이 지나가야 한다. 갑자기, 많은 승객들이 '내부인'이 되어 통제 없는 줄을 통해 평온하게 지나가는 동안, 다른 이들은 천천히, 심지어 거의 움직일 생각을 하지 않는 줄에서 가만히 기다려야 한다.

일부 유럽인들의 편안한 모빌리티는 다양한 공간과 모빌리티를 구분하는 새로운 국경의 형성에 의존하고 있다.

움직이는 신체를 관리하다

스히폴공항은 글로벌 네트워크의 핵심 지점으로서 세계 및 대륙 차원의 모빌리티 형태에서 생산되고 동시에 모빌리티를 생산하는 곳이다. 실제로 공항은 "세계 흐름을 계획하고 수용하는 훌륭한 공간"[10]이다. 그러나 출입국 통제선에서 줄을 서서 기다려야 하는 사람들은 모빌리티를 생산하는 신체 차원이 실재한다는 사실을 잘 알고 있다. 공항이 전 세계를 여행할 수 있는 장소라면, 그것은 또한 인체의 움직임이 세심하게 계획되어 있는 장소이기도 하다. 모빌리티를 만들어 내는 진정한 장치라고 할 수 있다.

공항처럼 인간의 신체 이동이 체계적으로 유도되고 결정되는 곳이 지구상에 또 어디에 있을까. 공항은 시민의 기본 권리로서 모빌리티 이념이 생산되고 구현되는 장소이자, '과학적인' 노동조직에 의해 공장에서 개발된 운동 표준화가 움직이는 신체를 엄격하게 관리함으로써 논리적인 결과를 얻는 장소이다. 이제 정보기술, 신호체계 및 건축의 공통적인 역할과 이것들이 인체에 미치는 영향을 살펴보자.

정보 처리 기술

공항 건축물을 설계하고 건물을 건설한 후 승객 이동을 예측하고 관리하는 데 첨단 소프트웨어가 사용된다. 보안 감시, 시뮬레이션 및 보안은 코드, 인력 및 물리적 구조로 구성된 하이브리드 공간으로 통합된다. 마틴 닷지Martin Dodge와 롭 키친Rob Kitchin에 따르면, "항공권 구매 후 공항에서 시간을 보내며 탑승에 이르는 여행자의 행로는 코드(컴퓨터)와 공간(물리)의 조합으로 구성된 하이브리드에 의해 조직된다.

---

10 Stephen Graham and Simon Marvin, *Splintering Urbanism Networked Infrastructures, Technological Mobilities and the Urban Condition*, London: Routledge, 2001, p. 364.

공간은 코드의 산물이다."[11] 공항의 하드웨어 공간은 소프트웨어 프로그래밍과 분리될 수 없게 설계된다. 건축 자체도 모델링 소프트웨어로 이루어진다.

공항의 입구와 출구를 지나는 흐름에 대한 모델이 만들어지고, 공간에 대한 점유는 감시 시스템을 통해 세부적으로 정비된다. 이제 여권을 읽는 것은 컴퓨터이며, 항공권도 일반 승객은 판독할 수 없는 'e-티켓'이나 전자티켓으로 대체되었다. 공항에서 이동하는 우리는 컴퓨터로 '처리된' 채 실제 공간과 컴퓨터 코딩된 공간에서 동시에 이동한다. 모델링 및 감시 시스템의 사용은 공항 내 이동을 계획하고 기존 모빌리티를 감독하는 데 사용된다. 신뢰할 수 있는 모빌리티는 그렇지 않은 모빌리티

---

11 Martin Dodge and Rob Kitchin, "Flying through Code/Space: The Real Virtuality of Air Travel", in *Environment and Planning A*, volume 36, 2004, p. 198.

와 구별되어야 한다. 예를 들어, 승객 프로파일링은 탑승 시 어떤 사람을 발견해야 할지를 결정하는 데 생체측정적으로 증가하는 복잡한 데이터를 필요로 한다. 2001년 9월 11일 이후, 공항 당국은 이동금지 조치를 취해야 하는 여행객들을 추적하기 시작했다. CAPPS II(Computer Assisted Passager Prescreening System)라는 미국의 새로운 컴퓨터 시스템이 이 기능을 정확하게 수행한다. 이 시스템은 "이러한 활동이 적절한지, 특정 장소에 적합한지 또는 그렇지 않은지를 결정하는 기준을 의미한다. 모든 것은 신뢰할 수 있는 여행자와 음흉한 사람이라는 단순하고 취약한 패러다임에 근거한다."[12]

공항 환경의 설계와 관리에서 모빌리티 모델링은 중심적인 요소였다. 이러한 기술들은 컴퓨터 기술이 증가하면서 그 성능이 더 향상되었다. 영국의 지리학자 피터 애디Peter Adey는 공항에서 모델링 시스템을 사용하면서 어떻게 단순한 흐름 모델에서 3차원의 복잡한 승객 이동성 시각화로 발전했는지를 보여 주었다. 이 과정에서 개별 승객의 신체는 임의로 나타나거나 사라진다. 대부분의 공항 관리자들에게 승객들은 PAX[13]가 된다. 이 명칭은 뚜렷한 표시 없는 일반 승객을 의미한다. 승객이 PAX라는 개념으로 정의되면, 공항 공간에서 승객들의 움직임을 모델링할 수 있다. PAX는 설계자, 정비사 및 엔지니어의 전체적 관점에서 움직이는 몸을 기록, 판독 및 분석할 수 있는 데이터로 변환되어 공간에 대한 일람표를 제공한다. 이렇게 움직이는 신체를 제거하는 방식은 에드워드 마이브리지, 에티엔 쥘 마레, 프레더릭 윈슬로 테일러의 연구를 연상시킨다.[14] 실제로, 움직임을 판독하려 한 과거의 노력과 오늘날의 공항 설계자들이 사용하는 모델 사이에는 명백한 논리적 연관성이 있다. 다시 말하지만, 이 움직임은 추상적이고 표준화된 것으로 실제의 육체를 지워 버린다.

---

12 Michael Curry, "The Profiler's Question and The Treacherous Traveler: Narratives of Belonging in Commercial Aviation", in *Surveillance and Society I*, numéro 4, 2004, p. 488.

13 '승객Passenger'을 의미하는 항공 용어. —옮긴이

14 19세기에 영국 사진가 에드워드 마이브리지Eadweard Muybridge와 프랑스 과학자 에티엔 쥘 마레Étienne-Jules Marey는 사진술의 도움을 받아 움직임의 기록과 표현에 대해 연구했다. 미국의 기계공학자 프레더릭 윈슬로 테일러Frederick Winslow Taylor는 노동의 과학적 조직에 대한 연구를 진행하면서 움직임의 표준화와 기록에 대해 분석했다. —옮긴이

승객은 "이성적인 공간을 만들기 위해 유령이 된다."[15] 개인적인 의미와 관련된 모빌리티는 PAX 운동을 형성하기 위해 추상화된다.

과거에 공항 경영자들은 PAX 움직임을 모델링하기 위해 '중요 경로 분석'이라는 시스템을 사용했다. 승객들로 하여금 공항의 여러 지점에서 카드를 받게 하여, 그들이 한 지점에서 다른 지점으로 이동하는 시간을 기록할 수 있었다. 이러한 시간 척도는 특정 단계를 통과하는 데 필요한 최대 소요 시간을 결정하는 데 사용되었다. '중요 경로'라는 개념은 특정한 네트워크에서 가장 긴 경로를 정의하며, 특정 조치를 수행하는 데 필요한 가장 긴 시간이다. 건축가와 설계자는 이 중요 경로를 단축하여 더 빠르고 효율적으로 작업을 수행할 수 있는 공간을 재배치할 수 있게 되었다.

오늘날 공항의 모델링 소프트웨어는 정교한 3D 애니메이션을 만들 수 있고, 화려하고 기능적인 공항 이곳저곳을 부유하며 별다른 어려움 없이 출입구와 체크인 카운터까지 원활하게 이동하는 PAX를 보여 준다. 한편, 항공기는 움직이는 PAX를 최종 목적지까지 실어나르기 위해 시계처럼 조정된다.

PAX가 이동의 흐름 모델에서 추상적이고 육체와 분리된 이동을 수행하는 반면, 공항 내에서 특정 유형의 신체 이동을 조정하기 위해 다른 형태의 하드웨어 및 소프트웨어가 이러한 신체 이동의 특정성에 주목한다. 공항은 일련의 모빌리티 임계값을 설정하여 다른 사람들이 움직이지 않을 동안 일부 (대부분의) 사람들을 이동하게 한다. 사람들은 여권을 보여 주고 신원을 밝혀야 하고, 이것이 코드와 일치해야 한

> ## 스히폴공항 그 어디에도 모빌리티가 통제되지 않는 곳은 없다.

다. 의심스러운 움직임은 감시되고 통제된다. 수석 건축가인 얀 벤트햄과 함께 스히폴공항을 방문했을 때 우리도 수하물 취급 구역에서 벗어나자 곧 제지되었다. 우리는 둘 다 여권을 가지고 있었지만, 그럼에도 우리는 기계와 수하물

---

15   Jonathan Crary, *Techniques of the Observer: On Vision and Modernity in the Nineteenth Century*, Cambridge, MA : MIT Press, 1990, p. 41.

사이에서 허가되지 않은 이동체로 인식되었다. 얀은 지금 인터뷰 중이며, 그가 이곳을 만든 건축가라고 설명했다. 우리는 곧 가던 길을 계속 갈 수 있도록 허락 받았지만, 이 건물의 건축가조차 방문객을 지하의 수하물 취급 공간으로 데려갈 수 없다는 사실을 알게 되었다. 바로 이것이 조물주 건축가의 이미지다. 스히폴공항 그 어디에도 모빌리티가 통제되지 않는 곳은 없다.

스히폴공항은 예상 요금(약 100달러)을 지불하는 일반 여행객들에게 생체측정 검사를 도입한 최초의 공항 중 하나이다. 2001년에 시행된 '프리비움Privium'이라는 이 장치는 여행객들이 홍채 스캔만으로 출입국심사를 신속하게 통과할 수 있도록 해준다. 프리비움 회원들은 공항에서 더 빨리 이동할 뿐만 아니라, 가장 가까운 주차장에 주차 자리를 예약하고, 특정 회사의 특별 카운터에서 체크인 서비스까지 받을 자격이 있다. 프리비움 웹사이트는 홍채 스캔 기술에 대해 다음과 같이 설명해 놓았다.

홍채 인식 기술은 홍채의 몇몇 특성에 대한 인식을 바탕으로 적용됩니다. 홍채 인식은 디지털 지문이나 손바닥 식별과 같은 다른 생체인식 형식에 비해 더 안정적이고 신속하게 이루어집니다. 홍채는 변하지 않고, 손상되거나 상처를 입지 않습니다. 반면 손가락이나 손의 흉터는 생체인식을 방해할 수 있습니다.

이 절차에 대한 참여는 제한적이다. 유럽경제연합(EU, 아이슬란드, 스위스, 노르웨이)의 회원국 출신이어야 하며, 키가 1.5미터 이상 되어야 한다. 웹사이트와 공항에서 볼 수 있는 안내 책자 속 인물들은 대부분 멀쑥하게 차려입은 백인 남성들이다. 이러한 형태의 자발적 감시를 수용하는 것은 초^超이동 사업가들이 출입국 통제를 효과적으로 회피하는 특권으로 간주된다(책자 속 문구는 연간 8회 이상 스히폴공항 이용객부터 이 출입국 패스를 사용할 수 있음을 명시하고 있다). 모빌리티 엘리트에 속하는 이 회원들은 그들의 집에서부터 회의실까지 빠르게 오갈 수 있는 혜택을 보장받는다. 줄을 서서 여권 검사를 받을 때 프리비움 서비스 줄이 얼마나 한가한지 보면 놀

라울 정도다.

　모빌리티 한계점을 통과하는 식별성을 제어하는 생체보안 감시장치는 단일 신체 (특히 홍채 또는 디지털 지문)와 신원身元의 연관성에 기초하여 작동한다. 폐쇄회로 비디오 감시 시스템이 모든 이동성을 시각으로 제어한다면, 생체측정 데이터는 특정한 지점과 한계에 대한 신원을 기록함으로써 움직임을 추적하는 데 쓰인다. 문제는, 한계점을 통과한 일부 신체에게는 그 보상으로 빠르고 편안한 이동을 제공한다는 것이다. 질리언 풀러Gillian Fuller가 지적하듯이, "생물측정 데이터는 특정 건물과 웹사이트, 특정 국가의 사람들을 포함시키거나 제외하기 위한 것이다. 이는 이동의 혼란을 통제하고, 무단침입의 유해한 영향이라고 할 잠재적 전염으로부터 자원을 사수하고, 올바른 비밀번호를 가진 사람들의 흐름을 용이하게 하는 방법이다." 통과 가능한 승객은 안전하게 이동하도록 허용되므로, 보안 당국은 프리비움 회원이 아닌 승객을 감시할 수 있다. 어떤 이의 속도가 다른 이의 더딤과 논리적으로 연관되어 있는 것이다.

특정 유형의 승객을 분리함으로써 프리비움과 같은 생체측정 장치는 다양한 형태의 시민권을 구축하는 데 영향을 미친다.

이러한 서비스를 이용하는 사람들은 대부분 출장차 이동하는 유럽의 사업가들이 될 가능성이 높은 만큼, 이들은 유럽 시민을 정의하는 기준과 정확히 일치한다. 자유무역 지역에서 모빌리티의 자유 개념에 따라 쉽게 해독되는 신체인 셈이다. 여기서 제외되는 사람은 이러한 틀에 부합하지 않는 이들이다. "이 프리비움 카드를 보유한 사람들의 모빌리티 증가는 (이로 인해) 불법 입국 외국인이나 잠재인적 테러 위협이 억제될 것이라는 보장과 관련이 있다."[16] 마사 로슬러Martha Rosler가 말한 바와 같이, "비밀 감시나 다른 형태의 데이터 축적 및 관리, 비밀 감시와 같은 정보 조작은 사회적 이야기의 생성과 유포를 포함한다. 이러한 행위는 사회통제의 가장 두드러지고 중요한 형태가 되었다. 통제의 필요성은 항공교통 시스템의 필수적인 부분이다."[17] 모빌리티의 표현, 이념, 실천은 프리비움과 같은 시스템과 이 시스템이 조직하는 모빌리티를 중심으로 상호적으로 호응한다. 마사 로슬러의 말대로, 기술의 명백한 중립성은 사회적 이야기 또는 모빌리티 이념들에 의해 억제된다. 모델링된 홍채, 국경을 초월한 시민권 개념과 밀접하게 연결된 이러한 이념들은 스히폴공항에서 일상적으로 행해지는 평범한 모빌리티 실천을 통해 순환된다.

신호 체계

코드/공간에 대한 복잡한 정보 체계만이 공항의 유일한 '코드'는 아니다. 우리는 공항에서 고전적인 방식의 더 친숙한 코드를 찾을 수 있다. 잘 알려진 스히폴공항의

---

16   Peter Adey, "Surveillance at the Airport : Surveilling Mobility/Mobilising Surveillance", in *Environment and Planning A*, volume 36, 2004.

17   Martha Rosler, *Martha Rosler : In the Place of The Public : Observations of a Frequent Flyer*, New York: Cantz, 1998, p. 32.

이 기호들은 눈에 잘 띄기 때문에 잘 작동하지만, 역설적으로 이 기호들은 코드/정보 관련 공간에 비해 눈에 잘 띄지 않는다. 단순한 방향 지시는 거의 인식되지 않고, 우리 대부분은 그걸 알아채지 못한다. 스히폴공항에 도착했을 때, 우리는 원하는 곳에 어떻게 가는지 알려 주는 기호로 가득 찬 우주에 진입한다. 마찬가지로, 보안 검사를 통과하고 출발 구역으로 진입하면, 우리는 출입문 위치와 이동하면서 이루어질 수 있는 구매에 대한 안내로 둘러싸인다.

스히폴공항의 시각 정보 체계는 네덜란드 디자이너 폴 마익세나아Paul Mijksenaar에 의해 대부분 디자인되었다. 1963년, 암스테르담 게리트 리에트벨트 아카데미의 학생이었던 마익세나아는 조크 키네어Jock Kinnear가 설계한 영국의 도로표지판을 발견하고, 그 단순함과 아름다움에 감명 받았다. 그는 기존의 신호판은 디자이너가 아닌 정부가 설계했다고 생각했다. 오늘날 마익세나아는 전 세계 교통신호 표시 체계의 구루gourou 같은 존재이다. 그는 스히폴공항 외에도 암스테르담 지하철도의 시각 정보 디자인을 설계했다. 이러한 성공을 바탕으로, 그는 모든 뉴욕공항의 표준화된 신호 시스템을 설계하는 책임을 맡았다. 히드로공항 역시 마익세나아의 시스템을 복제했다.

신호의 위치는 공항 내부의 다양한 흐름에 따라 결정된다. 건축가 얀 벤텀이 설명했듯이, "상업적 시각 정보는 흐름과 평행하게 배치되고 방향 관련 신호는 흐름과 수직으로 배치된다는 단순한 규칙이 있다. … 우리는 상업적 시각 정보를 … 시야의 하단부 지평선에 맞추어 배치하려고 했다. 공항이 사람들로 가득 찼을 때, 상업적 시각 정보는 개인들과 그들의 움직임에 뒤섞인다. 시야의 상단부 지평선은 여전히 사전적인 의미의 지시에 한정되어 있다."

간판들은 색칠되어 있다. 스히폴공항 내부 건축을 담당한 코 리앙 이에Kho Liang Ie는 공항의 내부 공간이 전체적으로 중립적이어야 한다는 생각에 동의했다. 가득이나 긴장과 불안, 흥분이 감도는 장소에 색을 추가할 필요는 없다. 배경은 중립적이되, 여기에 색칠된 신호판이 눈길을 사로잡는다.

마익세나아가 내게 설명해 주었듯이, "공항은 이미 변화무쌍한 공간이기 때문에,

폴 마익세나아
PAUL MIJKSENAAR

시각 정보 디자인계의 스승과도 같은 인물로
스히폴공항, 암스테르담 지하철도, 뉴욕공항의
신호 체계를 디자인했다.

건축은 중립적이어야 하며, 신호 체계는 건축적
배경과 거리를 두어야 한다.

검정색과 노란색의 대조는 우리가 가장 뚜렷하게
인식할 수 있는 있는 강렬한 조합이며(86퍼센트),
그 뒤를 이어 검정색과 흰색의 대조가 뚜렷하게
인식된다(82퍼센트).

Color contrast

Color contrast

Color contrast

Color contrast

Color contrast

노란색을 배경으로 활용한 것은 신호 체계에서
매우 결정적이라고 할 수 있다. 노란 배경은
그 자체로 "이것이 바로 신호다"라고 알려 준다.

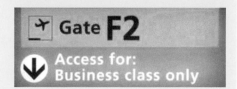

마익세나아가 이야기한 것처럼, 해외 여행객들에게
프랑스어는 에스페란토어가 아니다. 전 세계
공항과 기차역에 사용되는 언어는 프랑스어가 아닌
영어다.

구조는 중립적이어야 하며, 신호는 이러한 건축적 배경에서 분리되어야 한다."

　모든 신호판은 역광逆光으로 세심하게 채색되어 있다. 가장 눈에 띄는 패널은 마익세나아가 "기본 프로세스"의 표시라고 부르는 것으로, 노란색 배경의 검은색 문자 또는 기호이다. 이 문자와 기호들은 어디로 가야 하는지를 나타낸다. 즉, 흐름의 표시다. 대기 또는 정지와 관련된 "차단 프로세스"를 표시하는 검정 배경에 노란 글자도 있다. 이 표지판들은 박물관, 화장실, 예배당 같은 장소의 위치를 나타낸다. 녹색 기호는 비상 출구 및 기타 비상 전용으로 사용된다. 마지막으로, 완전히 다른 형태의 파란색 표시는 상점을 가리킨다. 이 표시들는 도시 거리에 있는 여러 가지 표시가 부착된 기둥의 신호들과 의도적으로 유사하게 설계되었다. 승객들은 이를 통해 자신들이 시카고나 도쿄에서 얼마나 멀리 떨어져 있는지 알려 주는 관광의 신호를 인식한다. 마익세나아에게는 노란색 표시가 가장 중요하고, 따라서 가장 눈에 띄게 만들어졌다. "노란색 기호는 노란색 배경 자체가 결정적이다. 그것은 그 자체로 '나는 신호다'라고 말한다. 노란색 기호들은 자동으로 여행객을 공항 이곳저곳으로 안내한다. 노란색과 검은색의 대조(인식률 86퍼센트)는 검은색과 하얀색의 대조(인식률 82퍼센트)보다 더 뚜렷하게 우리에게 인식된다." 벤텀은 그러나 승객들이 이 코딩을 알아차리면 안 된다고 설명했다. 승객들의 동화와 통합을 위해, 이 코딩은 무의식적으로 이루어져야 한다. 이는 질리안 풀러가 설명한 한 가지 측면을 입증한다. "신호 체계는 공항을 상징할 뿐만 아니라 그것을 창조한다. 다시 말해, 공항의 지도와 무수한 규정은 단순한 이해를 넘어 반드시 따라야 하는 것이다."[18]

> **신호 체계는 공항을 상징할 뿐만 아니라 그것을 창조한다.**

　신호 체계는 인류학자 마르크 오제가 '비非장소'라고 부르는 개념에 중요한 역할을 한다. 종종 경유 공간이기도 한 비장소는 우리를 그곳으로 안내하는 것이 아니라 다

---

18 Gillian Fuller, "The Arrow-Directional Semiotics: Wayfinding in Transit", in *Social Semiotics* 12, numéro 3, 2002, p. 131.

른 곳을 지칭한다. 신호 체계를 통해 읽어 낼 수 있는 스히폴공항은 움직임을 유지할 필요에 지배되고 있다.

문자와 화살표, (매우 유용한) 지속 시간의 조합은 믿을 수 없을 정도로 흐름이 뒤얽힌 공간을 생성하는 코드화의 일부이다. 이러한 코드화는 모빌리티 건축에 통합된다. 많은 지표들이 공항이 움직이는 신체들을 관리하는 기계라는 생각을 뒷받침한다. 마익세나아는 시각 정보 표시와 그것이 지정하는 위치 또는 사물 사이에 직접적인 관계가 있는 것이 이상적이지만, 공항 공간에서는 불가능하다고 설명한다.

이상적인 것은 우리가 목적지를 선택하고 신호 체계가 우리를 그쪽으로 안내하는 직접적인 관계다. 하지만, 물론, 이곳에서 그런 일은 절대 일어나지 않는다. 수천 명의 사용자와 수천 개의 목적지가 존재하기 때문에 그것은 불가능하다. 이 문제를 어떻게 해결해야 할까? 단계적 진행이 필요하다. 먼저 그곳에 도착해야 하고, 그런 다음 이러저러한 행동을 해야 한다, 등등. 마치 정보 메뉴판과도 같다.

스히폴공항의 신호판은 중요한 결정이 내려지는 지점에 배치된다. 공항에 들어서는 즉시 탑승구 표시를 볼 수 있도록 설계되지 않았다. 승객은 먼저 출발과 도착 중에 선택할 수 있다. 그런 다음, 체크인 카운터로 안내 받고, 그 다음 보안 검사대로 안내된다. 신호판은 건물 내 이동 시 전략적 결정이 필요한 곳에 배치되는 일련의 기호 범주를 형성한다. 승객은 이 기호를 따르며 적절한 조치를 취해야 한다. 이러한 이유로, 종종 숨겨져 있거나 공항 곳곳에 비치된 작은 포켓용 지도 안내문 같은 것을 스히폴공항 신호 체계에서는 거의 찾아볼 수 없다. 마익세나아는 공항 내 경로 탐색에 지도는 적절하지 않다고 생각한다.

스히폴공항에서, 사업가들은 회의를 하고 호텔로 간다. 그들은 호텔이 어디에 위치하는지에는 관심이 없다. 다만 그것이 어느 방향에 있는지, 얼마나

멀리 떨어져 있는지 알고 싶어 한다.

국제공항에서 관련 신호 체계를 설계하려면 다국어 세계에서 통하는 범용 언어를 개발해야 한다. 지구상의 모든 언어로 방향을 표시할 수 없기 때문에, 신호 체계는 이 차이를 극복해야 한다. 컴퓨터 소프트웨어처럼 이 역시 국제적인 보편성을 띠어야 한다. 이러한 언어 차이 외에도, 다양한 종류의 모빌리티를 고려해야 한다. 시각 장애인, 느린 사람, 불안해하는 사람 등 모빌리티가 떨어지는 사람들도 길을 찾을 수 있어야 한다. 신호는 모두에게 전달되어야 한다.

이러한 독창성에도 불구하고, 스히폴공항의 그림문자는 지극히 유럽적인 것으로 남아 있다.

"음식점 그림에는 (밥그릇이나 젓가락, 손이 아닌) 접시, 나이프, 포크가 표시되어 있고, 일반적으로 여성은 무릎 길이의 트라페즈 치마(사다리꼴 형태—옮긴이)를 착용하고 있으며(여성용 화장실 표시도 마찬가지다), 도착과 출발은 영어 같은 문자 체계의 벡터 논리에 따라 왼쪽에서 오른쪽으로 읽히도록 표시된다."[19]

마익세나아가 설계한 스히폴공항 표지는 영어로 되어 있으며, 이륙하는 비행기나 착륙하는 비행기, 수화물 등 지정된 기능을 나타내는 혁신적인 픽토그램pictogram과 결합된다. 2011년 네덜란드어를 제외한 한 가지 언어를 표지에 사용하기로 한 것은 승객들의 혼란을 막기 위해서다. 이는 마익세나아 등이 규정한 PAX의 정체성이 무엇인지 말해 준다. "해외 여행객들에게 프랑스어는 에스페란토어가 아니다. 전 세계 공항과 기차역에서 사용되는 언어는 프랑스어가 아닌 영어다."

이런 인식에 스히폴공항에 적용된 신호 체계가 특히 효과적이라는 데에는 의심할 여지가 없다.

스히폴의 신호 체계는 PAX를 안전하게 안내할 뿐만 아니라, 그 중립적인 배경을 통해 일관되고 현대적인 미학을 만든다. 마익세나아의 작품은 많은 디자이너들의 관심을 끌었고 해외로 수출되었다. 런던의 히드로공항은 그의 컬러 코드화 시스템을 수입한 최초의 공항 중 하나였으며, 마익세나아는 뉴욕의 모든 공항에도 유사한 체계를 설계하고 있다. JFK공항 내부와 주변 신호 체계를 점검하면서 마익세나아는 특이점을 발견했다. 공항에는 맨해튼 방향을 알려 주는 표시가 하나도 없고, 반 다이크 고속도로 방향만 표시되어 있었다. 그것은 외국인에게는 가치가 없는 정보였다. 브루클린 고속도로의 서쪽 방향이 폐쇄되었음을 알리는 "W/B BQE Closed"(Westbound Brooklyn-Queens Expressway Closed)라는 표시는 더 불안감을 부추겼다. 뉴욕공항의 17개 터미널에는 수백 가지의 다른 스타일의 표시가 있다. 어떤

---

19 *Ibid.*, p. 131.

회사들은 터미널에 자신들의 로고로 사용했고, 표지판은 주로 어두운 배경에 흰색 글자였다. 이제 이 표지판들도 스히폴공항처럼 바뀔 것이다. '레벨 A'(A층)는 '그라운드 플로어'(지층)가 되고, '코티시 밴'은 '호텔 셔틀'로 바뀌게 될 것이다. JFK공항은 스히폴공항처럼 바뀌고 있다. 이렇듯 항공 모빌리티의 국제적인 미학이 암스테르담을 중심으로 확산되고 있다.

같은 공간에서 다른 방식으로 생활하기

스히폴공항은 글로벌 모빌리티 생산의 교차로이자, 내부적으로 공간 흐름을 조직하여 새로운 모빌리티 계층을 체계화하고 결정하는 장소이다. 스히폴은 특정 유형의 개인에게 특정한 이동 관행을 허용하고 제한하도록 설계되었다. 그렇다면 노숙자나 택시 운전사 같은 이들에게 스히폴은 어떤 곳일까. 이들을 위해서는 다른 형태의 이동성을 고려해야 한다.

노숙자들

공항의 이미지를 다룬 책에서 마르타 로슬러Martha Rosler와 안토니 비들러Anthony Vidler는 공항이 "모든 여행객이 어느 시점에 실업자 같은 무기력감을 공유하는 장소"라고 지적한다. 이전에 품었던 공간 탐사에 대한 열망은 예측된 흐름과 고통스럽고 원치 않는 지연과 같은 제어된 메커니즘으로 규정된다. 비들러에 따르면, 공항 공간은 모빌리티가 밀접하게 그리고 조심스럽게 채널화되는 추상적이고 규제된 공간이다. 이러한 관점에서 볼 때, 공항은 보안장치 덕분에 "임시로 노숙자가 된, 특권을 지닌 유목민들에게 백화점, 테마파크, 새로운 멀티미디어 게임 속 궁전을 닮은 공간을 개방하면서, 실제 노숙자라는 불편한 존재로부터 이들을 보호하고 있다."

사실 스히폴공항의 가장 놀라운 점 중 하나는, 그곳에 살고 있는 많은 노숙자들이다. 내가 공항터미널에 앉자마자, 갖가지 물건을 가득 넣은 거대한 가방을 든 노숙자가 내게 다가왔다. 그는 나에게 담배를 달라고 부탁했다. 그는 "이곳에서는 아무데서도 담배를 살 수 없다"면서 수많은 담배 판매점을 무시했다. 나는 담배가 없었다. 이전에 공항에서 노숙자를 본 적이 없었기 때문에, 그의 존재는 매우 놀라웠다. 그 후며칠 동안, 나는 낯익은 얼굴들을 보게 되었다. 머리에 녹색 랜턴을 두른 흑인 남성이 쓰레기통을 뒤지고 있었고, 네 명의 노숙인들이 출입구 근처에 앉아 있었다. 혼잣말을 하며 이상한 행동을 하는 사람들도 여럿 있었는데, 그들은 나를 감싸고 있는 질서 정연한 일반적인 움직임에서 분리되어 있었다. 나는 공항에 머무는 동안 여러 노숙자들과 이야기를 나누었다. 그중 한 명은 퀴라소 출신이었는데, 몇 년 전에 새로운 삶을 꿈꾸며 이곳으로 왔다. 그는 이혼 후 직장과 집을 잃고, 지금은 이곳에 살고 있었다.

한눈에 봐도 스히폴공항은 이들을 위한 것이 아니다. 나는 건축가 얀 벤템과 이 주제에 대해 이야기했다. 그는 스히폴 플라자가 "공공 광장"의 분위기를 풍기는 것에 상당한 자부심을 드

스히폴공항의 가장 놀라운 점 중 하나는, 그곳에 살고 있는 많은 노숙자들이다.

러냈다. "우리는 이 공간에 공공장소와 같은 분위기를 주기 위해 많은 노력을 기울였다. 바로 이런 것이 공항의 출입구가 되어야 한다. 즉, 그 도시의 공공 광장인 것이다." 내가 노숙자들 문제를 언급하자, 그는 미소를 지으며, "그렇다. 그게 바로 도시고 공공장소다. 다행인 점은 공항 당국이 그들의 존재 이유를 명확하게 표명했다는 것이다. 그들의 임무는 더 이상 공항을 관리하는 것이 아니라 공항도시를 만드는 것이다. 그들은 공항을 공항도시로 바꾸었을 뿐만 아니라, 그들의 직업도 바꾸었다. 예전에는 단지 공항 관리자였다면, 이제는 공항 주변에 있는 도시 편의 설계자가 된 것이다." 벤템은 노숙자들에 대한 관용이 이러한 재설계 작업에 포함된다고 본다. 지붕과 난방을 공급한다는 명백한 이점 외에도, 노숙자가 공항터미널 내에서 쾌적함을 느끼는 다른 이유가 있다.

그 누구도 큰 가방을 들고 있는 누군가와 스친다고 놀라지 않으며, 공항에서 자는

사람 역시 흔하게 볼 수 있다. 공항은 예외적인 활동이 허용되고 (모든 경우에 이러한 활동들은 안전에 위협이 되지 않는다) 심지어 예상되는 중간계이다. 노숙자 주제를 전문적으로 다루는 신중한 작가 킴 호퍼Kim Hopper는 "미국의 밤 문화에서 공항은 특이한 위치를 차지한다. 다른 곳에서는 시민들의 일반적인 관행으로 받아들여질 수 없는 행동들, 가령 매우 부주의하게 옷을 입거나 낡은 가방을 끌고 다니는 것에 대해 모든 사람이 보는 것과 알고 있는 것을 가능하게 한다. 깨끗하게 옷을 잘 차려입은 노숙자는 아무런 어려움 없이 흩어져 있는 잠자리들 중 한 자리를 차지한다." 또한, "합법적인" 여행자와 노숙자들 모두 규칙적으로 그들의 가방을 뒤져서 그들의 개인 자산을 짧은 시간 동안 진열한다고 호퍼는 강조한다.

　네덜란드 사회학자 레온 데벤Leon Deben[20]도 공항이 지붕과 음식을 찾는 노숙자들에게 논리적 장소라고 말한다.

　2001년 도착층 로비 화장실에서 일어난 작은 화재로 노숙자가 유죄판결을 받은 이래, 자정 이후 탑승권이 없는 이들에게는 출입문을 개방하고 있지 않음에도 불구하고, 공항의 노숙자 수는 계속 증가하고 있다. "스히폴공항은 많은 이들에게 좋은 장소다. 따뜻하고 습기도 없을 뿐만 아니라, 많은 것들을 갖추고 있다. 많은 여행자들이 던져 버리는 이동전화카드, 기차표, 심지어 마리화나까지 많은 것들이 노숙자들에게 작은 여지를 제공한다. 예를 들어, 기차표가 생기면 자정 이후 우트레흐트, 로테르담, 헤이그까지 갔다가 (휴식을 취한 후) 아침 4시경에 스히폴공항으로 돌아오

20　레온 데벤은 수년간 암스테르담의 노숙자들에 관한 연구를 수행했다.

는 동안 계속 잠을 잘 수 있다." 데벤의 학생 중 한 명인 프랭크 그루트Frank Groot는 스히폴공항에서 몇 개월간 사람들을 관찰했다. 그는 정기적으로 공항에 오는 28명의 노숙자들과 연락을 취했다. 그들 중 거의 절반이 항상 그곳에 있었다. 23명은 남성이고, 5명은 여성이었다. 그들은 공항 세계와 교신할 수 있는 혁신적인 전략을 가지고 있었다. 예를 들어 어떤 사람은 "10시에 깨워 주세요. 비행기 타야 해요."라고 쓰인 쪽지를 올려 두고 잠을 잔다.

택시 운전사들

노숙자들만 스히폴공항의 비정규적 이용자가 아니다. 어느 날, 15분마다 반복해서 나오는 "불법 택시를 이용하지 마세요. 공식 택시를 이용하세요."라는 안내 방송을 듣고 놀란 적이 있다. 택시라고 불리는 것에 매료되어, 나는 몇몇 기사들에게 이 문제에 대해 물어보기로 했다. 나는 특정 연령의 백인들이 운전하는 고급 메르세데스 벤츠 같은 공식 택시와, 오래된 일본 차가 대부분인 이민자들이 운전하는 불법 택시를 모두 타 보았다.

메르세데스를 운전하는 백인 기사들과 오래된 도요타를 모는 외국인 기사 사이에는 매우 강한 긴장감이 존재하는 것이 분명하다. 공식 택시 기사들은 다른 기사들을 '스노더snorders'라고 부르는데, 번역하기가 힘든 용어이다. 마침내, 나는 이민자 택시 기사들이 소위 기생충 혹은 '스노더'의 일부일 수도 있고 아닐 수도 있음을 알게 되었다. 비록 그들은 메르세데스를 운전하지는 않지만, 깨끗하고 새로운 차량에 완벽한 서비스를 제공하고 있다. 터키에서 온 무면허 운전사는 11년 전에 지금의 배우자와 결혼하기 위해 암스테르담에 정착했다. 그녀 역시 터키 이민자였다. 당시 터키인 공동체가 택시를 살 수 있도록 도움을 주었다. 그는 영국, 미국, 스페인에 흩어져 살며 택시를 운전하는 그의 가족 구성원들에 대해 말해 주었다. 네덜란드어와 영어, 약간의 프랑스어를 하는 터키 운전자도 만났다. 그는 5년 정도 암스테르담에서 지낸 후, 런던에서 레스토랑을 운영하는 삼촌 옆으로 갈 계획이다. 이 두 운전자는 빈

번하게 업무와 생활 장소를 바꾸는 데 익숙한 가족 구성원들 덕분에 높은 모빌리티를 지닌 체계적이고 광범위한 가족 네트워크의 일부이다.

이 노숙자들과 공항택시 운전자들의 존재는 우리에게 무엇을 가르쳐 주는가? 가장 중요한 것은, 다양한 모빌리티 네트워크와 경험들이 어떤 장소에서 교차하는지를 보여 주는 것이라고 생각한다. 외장소 또는 비장소와 같은 은유적 개념은 공항을 무질서하고 비본래적인 순수한 움직임의 공간으로 만든다. 마찬가지로, 계급이 존재하지 않는 포스트 내셔널한 새롭고 더 나은 세계의 아바타로 공항을 칭송하는 흐름에는 모든 사람이 같은 방식으로 이동하는 것처럼 여기는 세계적 유목민주의를 맹목적으로 찬양하는 경향이 있다.

이동하는 사람과 이동하지 않는 사람을 구별할 때도, 모빌리티의 다양한 경험을 놓치고 있는 것처럼 보인다. 마누엘 카스텔Manuel Castells은《네트워크 사회La Société en réseaux》에서 다음과 같이 관찰한 바 있다.

> 간단히 말해서, 엘리트들은 국제적이고, 대중적이며, 지역적이다. 권력과 부의 공간은 전 세계에 투영되고, 대중들의 삶과 경험은 문화, 역사 속에 뿌리를 내리고 있다. 또한, 사회조직이 특정한 장소의 논리를 뛰어넘는 초역사적 흐름에 의존할수록, 전체적인 힘의 논리는 역사적 특성을 지닌 지역/국가 사회의 사회-정치적 지배에서 벗어나게 된다.[21]

이러한 언급은 일부의 모빌리티와 다른 이들의 부동성 사이의 연관성을 명확하게 강조한다. 엘리트만이 국제적이라고 주장하는 것은 극하층의 거대한 국제주의를 감추고 있다. 엘리트들이 여행하는 곳이면 어디서든 카스텔이 묘사한 비즈니스 클래스의 사치스러움을 공유하지 않는 이동 인력이 모빌리티 엘리트에게 봉사하고 있

---

21 Manuel Castells, *La Société en réseaux*, Fayard, 2001.[The Rise of the Network Society, *The Information Age: Economy, Society and Culture* Vol. I. Cambridge, Massachusetts; Oxford, UK: Blackwell, 1996.]

> **은유로서의 방랑자와 관광객이 똑같이 이동한다 해도, 그들은 각자 다른 경험의 세계에서 진화한다.**

다. 그들은 엘리트들의 택시를 운전하거나, 방을 청소하거나, 그들의 아이들을 돌본다. 그들 또한 유동적이며, 국제적이다. 최근의 연구들이 유목민주의를 칭송하는 것은 그들의 이동 능력을 쉽사리 평준화함으로써 모빌리티 경험의 다양성을 없애는 처사이다. 공항에서는 메르세데스 대신 도요타를 운전하는 "스노더"뿐 아니라, 진짜 노숙자들이 모빌리티 엘리트들과 함께 진화하고 있다. 지그문트 바우만Zygmunt Bauman은 방랑자와 관광객이라는 모빌리티 위계의 양 극단에 있는 두 개의 상像을 통해 세계화의 모빌리티를 은유적으로 보여 준다. 그는 우리가 살고 있는 세계화된 사회 역시 다른 사회와 마찬가지로 계층화되어 있다고 주장한다. 여기서 우리를 측정하는 잣대는 "모빌리티 수준"이다. 그런데 이때 측정되는 것은, 우리의 모빌리티 정도가 아니라 경험적 모빌리티 특성이다.

종종, 이동성 위계의 "'상류층 사람들'은 그들에게 좋아 보이는 목적지가 제공하는 즐거움에 따라 목적지를 선택하고 여행한다. 반면, '하류층 사람들'은 그들이 머물고 싶었던 곳에 던져지는 일들이 규칙적으로 일어난다."[22] 은유로서의 방랑자와 관광객이 똑같이 이동한다 해도, 그들은 각자 다른 경험의 세계에서 진화한다. 전 세계적으로 움직이는 모빌리티 엘리트들은 점점 더 제약이 사라지는 공간에 살고 있지만, 모빌리티 하위계층들은 종종 그들이 선택하지 않은 유동적 세계에 투영되거나 바우만의 표현대로 "그들에게 폐쇄적"이 된 공간에 종속되어 있다. 후자의 경우, 사라지지 않는 이 공간들을 힘들게 극복해야 한다.

일등 세계의 시민들을 위해, 점점 더 국제적이고 세계적이 되어 가는 사업

---

22 Zygmunt Bauman, *Le Coût humain de la mondialisation*, Paris, Fayard, 2014, p. 137-142.[*Globalization: The Human Consequences*. New York: Columbia University Press, 1998]

가, 문화 전문가 혹은 국제적 학자들의 세계를 위해, 장벽은 제거되고 있으며 세상의 오락과 자본, 금융의 흐름이 지나갈 수 있도록 그 경계들 역시 점점 무너지고 있다. 이등 세계의 시민들에게 이민 통제, 체류권, 범죄 진압 정책과 관련한 장벽은 매일 더 높아지고 있으며, 욕망의 장소와 구원의 장소를 갈라 놓는 격차는 점점 더 커지고 있다. 첫 번째 그룹의 사람들은 그들이 원할 때 여행을 하고, 많은 즐거움을 경험한다. 우리는 그들에게 여행을 부탁하고 그에 대한 대가를 치른다. 환한 미소로 두 팔 벌려 그들을 환영한다. 두 번째 그룹의 사람들은 종종 불법으로 몰래 여행하며, 악취를 풍기는 비참한 배의 갑판에 오르기 위해 다른 이들이 비즈니스 클래스의 호사를 위해 치르는 것보다 더 많은 금액을 지불한다. 그들을 맞아 주는 것은 찡그린 눈썹이며, 운이 좋지 않은 이들이라면 도착하자마자 추방된다.[23]

---

23 *Ibid.*

모빌리티 엘리트들은 자발적으로 움직인다. 그들은 이동을 즐기며, 모빌리티를 자유라고 생각하는 반면, 모빌리티 하위계층들(즉, 방랑자들)은 밀폐된 채로 강제로 이동해야 하기 때문에 모빌리티를 생존의 문제로 인식한다. 바우만은 이러한 글로벌 모빌리티의 경험이 서로 다르다고 주장할 뿐만 아니라, 그들이 동일한 논리에 지배되고 있다고 주장한다. 그는 모빌리티 엘리트들의 욕망과 꿈, 연결된 세계화는 사치스러운 이동 공간 속에서 진화하며 이들의 시중을 들어 줄 모빌리티 하위계층을 필요로 한다고 이야기한다. 방랑자 없이는 관광객도 없다.

결론

나는 스히폴공항에 대해 다음 다섯 가지를 지적하는 것이 중요하다고 생각한다.

첫째, 히드로공항이나 파리 공항과 마찬가지로 스히폴공항은 세계적인 항공교통망의 중요한 교차로로서, 세계적으로 중요한 장소들을 옛 식민지들과 연결하고, 결과적으로 이 장소들을 가깝게 만들었다.

둘째, 이곳은 지역적으로 고정된 지역이며, 유럽 전역을 포함하는 대륙적 차원의 공간을 만들어 냈다. 이곳에서 우리는 다른 곳에서 온 사람들을 관찰하면서 자유롭게 이동할 수 있다. 고대 중국 도시들과 마찬가지로, 스히폴공항은 하나의 우주를 축소한 모형으로 기획되었으며, 유럽 차원, 대륙 차원에서 허용 가능한 모빌리티와 그렇지 않은 모빌리티를 구별할 카드 패로서 설계되었다.

셋째, 스히폴공항에는 유령이 있다. 네덜란드령 안틸레스의 노숙자는 어느 날 스히폴공항에 도착한 이후로 계속 이곳에 살고 있다. 터키 출신 택시 운전사는 그의 사랑스러운 약혼자와 결혼하기 위해 스히폴공항에 도착했다. 그리고 이제는 공항을 출발하거나 목적지로 가는 모빌리티 엘리트에게 셔틀 서비스를 제공하고 있다.

넷째, 이 모든 모빌리티는 스히폴공항에 정박했다. 그러므로 이곳은 분명히 움직이는 장소이지만, 포스트 모더니티의 은유로 취급할 수 있는 공간은 아니다. 이곳을 비장소의 등가나 혹은 새로운 초국가적 유토피아 장소로 간주하는 것은 이 공간의 복잡한 계층화를 반영하지 않는다. 모빌리티 정책에 관심을 갖는 것은 공항과 모빌리티 칭송 사이의 연관성을 해소한다는 뜻이다. 스히폴공항은 매일 다중의 움직임로 구성된 '발레'가 완성되는 복잡한 공간이다. 이곳은 전 세계 모빌리티 엘리트들의 생활 장소일 뿐만 아니라 피난처이자 생활 터전이기도 하다. 방을 청소하고, 택시를 운전하고, 요리를 해 주며 모빌리티 엘리트에게 봉사하는 사람들은 시차를 두고 사업을 하는 이들보다 훨씬 더 국제적이다.

마지막으로, 이곳이 파리나 런던, 시카고가 아닌 스히폴이라는 사실이 매우 중요하다. 지명된 세계의 은유로 간주되는 공항은 어디에서나 존재할 수 있는 장소, 비장소적인 공간으로 간주된다. 그럼에도 불구하고, 스히폴공항은 다른 모든 종류의 공간과 마찬가지로 지리적으로 위치하고, 자신만의 역사와 네트워크를 가지고 있다. 스히폴의 지리적 위치는 그곳에서 행해지고 생산되는 모빌리티에 영향을 미친다. 한때 네덜란드령 동인도의 수도였던 자카르타와 스히폴 사이의 관계나 공항 내 셴겐 지역의 지도, 혹은 퀴라소 출신 노숙자가 그곳에 정착했다는 사실에서 이러한 영향을 찾아볼 수 있다. 스히폴은 세계적 흐름의 교차로일 수도 있고, 여전히 스히폴로 남아있을 수도 있다. 스히폴은 항상 특정한 장소이다. 이 모든 것은 신체의 움직임이 모빌리티 권리에 달린 스히폴과 같은 장소를 비롯하여 서구 현대 세계의 모빌리티가 지닌 매우 복잡한 속성은 물론, 허용가능성과 허용불가능성에 대한 집단적인 이야기, 그리고 이러한 모빌리티를 구성하는 점점 더 정교한 기술들을 보여 준다.

스히폴을 관찰해 보면, 사람들이 모빌리티 면에서 현저하게 진보하고 있음을 알 수 있다. 노숙자부터 스히폴의 합법적인 택시 운전사까지, 사람들은 사회적으로 용인되는 공적 모빌리티 조직에 도전하는 복잡한 전략을 시행한다. 동시대 모빌리티 역사는 항상 창의성의 중요한 부분

> 스히폴에서 신체의 움직임은 이동성에 대한 권리, 집단적인 이야기, 그리고 이러한 이동성을 구성하는 기술에 의존한다.

을 차지한다. 유럽 차원에서의 이상화된 경유 공간에서 끊임없이 모빌리티가 계획되고 있지만, 실제로 직접 움직이는 사람들은 이 계획을 준수하지 않기 위해 쉬지 않고 노력한다.

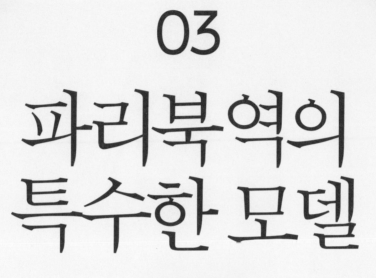

03
파리북역의
특수한 모델

미카엘 르마르샹

"북역은 이곳을 이용하는 여행객들의 모빌리티를
훨씬 뛰어넘는 다양한 형태의 모빌리티를 생산한다.
유로스타의 운영은 대규모 국제적 모빌리티 생산과
여행자들에 대한 세련된 차별화를 결합한다."

Taxis
R

Taxis réserve
Prebooked taxis / Reserviert

THA

THA   BIENVENUE CH
VAN HART
WILLKO
WELCOME TO O

ALYS

WELCOME
TO OUR WORLD

역 한가운데서 일어나는
국제적 모빌리티 생산의 도전

암스테르담–스히폴공항에서 생산되는 모빌리티 분석과 관련하여, 유로스타 국제 철도 사업자에게 할애된 파리북역의 공간 운용을 살펴보는 것은 매우 흥미롭다. 일 반적으로 유럽에서 가장 큰 역으로 묘사되는 파리북역은 도쿄역과 시카고역 다음으 로 전 세계에서 세 번째로 큰 역이다. 이러한 순위는 역의 크기가 아니라 열차 출도 착 시 역을 이용하는 승객의 수를 근거로 한다. 이 역의 일상적인 풍경으로 들어가 보자. 몇 개의 숫자에 들어온 불빛은 파리북역을 지나며 북적이는 흐름의 거대한 산 발성을 가늠하게 한다. 이 속에는 수많은 열차의 이동이나 여행자 혹은 구경꾼과 같 은 개인들의 모빌리티보다 광범위한 수용의 차원에서 이해할 수 있는 흐름들이 존 재한다. 이러한 모든 모빌리티는 여러 개의 공유 라인에 따라 서로 결합되거나, 종 종 서로를 무시한 채 이루어진다.

스히폴공항과 파리북역 간의 비교는 적어도 두 가지 면에서 두 경유 공간의 명백 한 유사성으로 촉진된다. 바로 국제적 교통의 강세와 단순한 여행자의 이동을 뛰어 넘는 부수적 모빌리티의 발달이다.

파리북역은 도시 지하철에서 고속교외열차RER에 이르는 (파리에서 근교 소도시를 연결한다—옮긴이) 트랑지리엥Transilien이라는 지역 광역교통과, 앵테르시테Intercité와

스히폴공항/파리북역 :
면적과 교통량 비교

면적

일일
이용객

북역

80.000 m²

700,000 명/일

스히폴
공항

500.000 m²

150,000 명/일

TER 피카르디Picardie(고속지방열차)를 통한 지역 간 철도교통, 국내 일반 열차와 고속열차 TGV를 비롯해 탈리스Thalys나 유로스타Eurostar 같은 국제선 열차까지 모든 종류의 철도교통을 수용한다.

총 면적 8만 제곱미터(몽파르나스 타워와 유사하다)의 공간에서 낭트시 인구보다 많은 60만 명에 달하는 여행객들이 매일 1,500대의 열차가 출발하거나 도착하는 이 철도교통의 허파에서 교차하며 지나간다. 이 통계자료가 인상적이긴 해도, 이 수치만 가지고는 2014년 150주년을 맞이한 이 건물을 움직이는 모빌리티를 이해할 수 없다. 기차의 이동을 넘어 기차역은 걷기, 에스컬레이터, 기계식 통로, 엘리베이터, 롤러스케이트, 퀵보드, 자전거, 스쿠터, 모터사이클, 자동차, 버스, 고속버스 등과 같은 오늘날의 모든 이동 수단에 초점을 맞추고 있다. 다섯 개 층으로 나누어진 파리북역 건물은 모빌리티를 구성하는 수직적 공간 점유로 특징지어진다. 역 운영자들이 사용하는 어휘 역시 이러한 수직성을 확실하게 반영한다.

- 지하에 위치한 역에서는 RER 및 지하철이 운행된다. RER B선과 D선은 하루 800편의 양방향 철도 운행을 수용하는 4개 선로를 운행한다.

- 27개 철도노선을 갖춘 지상에서는 지하철에 가장 가까운 트랑지리엥을 포함한 다른 모든 교통수단이 운영된다. 트랑지리엥은 7개의 노선이 오가는 역의 동쪽에 위치해 있다.
  동쪽에서 서쪽으로 가다 보면, 피카르디와 노르 빠 드 칼레로 가는 지방 간 국내 철도인 TER, 벨기에·네덜란드·독일 등 셍겐협정 지역으로 가는 국제 철도 탈리스, 셍겐 지역 밖으로 나가 영국으로 향하는 국제 철도(유로스타)가 세관 통제가 실시되는 네 개의 전용 철로에 걸쳐 운행된다. 이 밖에 이 시설을 보완하는 한 개의 다용도 차고 철로가 있다.

- 파리 도시교통망과 연계된 버스터미널이 있는 건물 외부의 버스 정류장은 트랑질리안 철도 서비스와 직접 연결되어 일상 교통 이용을 용이하게 한다.

- 지역, 국내 및 국제 철도 플랫폼은 모두 같은 층에 있다.
  셍겐 지역 바깥으로 가는 국제 열차(유로스타)를 타려면, 모든 보안 및 출입국 검증을 통과한 후 열차 플랫폼으로 다시 내려가기 전에 역 중심부에 있는 소위 메자닌mezzanine1을 통과해야 한다.

파리북역의 구조가 다양한 여행자의 모빌리티를 공간적으로 구분한다는 것을 알 수 있다. RER 또는 지하철 사용자에게는 TGV 또는 국제선을 이용하는 것과 동일

---

1 건물 1층과 2층 사이에 있는 라운지 공간을 가리키는 이탈리아어. ─옮긴이

한 경험이 제공되지 않는다. 여행자들 사이에 어떤 계급이 형성된다. 이러한 공간 분할은 또 다른 형태의 모빌리티 즉, SNCF(프랑스국유철도 Société nationale des chemins de fer français) 임원의 직업적 모빌리티를 반영한다. 실제로, 교외 열차 이용객과 유로스타 여행객 사이에 존재하는 것으로 보이는 위계나, 역내에 근무하는 사람들과 메자닌에서 내려다보이는 유로스타 공간에 근무하는 사람들 간의 차이는 평행을 이루기 어렵다. 유로스타 소속이라는 것은 많은 사람들에게 경력상 이점으로 여겨진다. 따라서 직업적 모빌리티라는 용어는 물리적·상징적 현실을 반영한다. 이러한 의미에서 유로스타의 이미지 자체가 직업적 모빌리티를 생산한다고 볼 수 있다.

기차역의 역사

파리북역의 기원을 거슬러 올라가 보면, 북역이라고 불리던 철도 플랫폼이 있었다. 릴을 통해 파리와 벨기에 국경 사이를 여행하는 사람들을 위해 만들어진 것이었다. 미래의 기차역을 예고하는 이 플랫폼은 1846년 당시 단 두 개의 노선만을 운영했다. 1864년 푸아소니에 구역에 새로운 역이 건설되어 대중들에게 개방되었다. 새로운 역은 오래된 생 라자르 수도원 영지 일부를 포함하고 있었다. 공학자 레옹스 레이노Léonce Reynaud가 지은 북방철도회사의 파리역은 부분적으로 철거되기 전까지 11년 동안 운영되었다. 건축가인 자크 히톨프Jacques Hittorf가 이 역을 다시 설계하였고, 면적이 세 배 증가한 덕분에(1만 2천에서 3만 6천 제곱미터로 증가) 역이 상당히 넓어졌다. 당시에는 네 개의 근거리 교통 중심 노선과 네 개의 장거리 교통 노선을 합한 여덟 개의 철도노선이 북역을 공평하게 나누어 사용하였다.

아미앵을 통해 브뤼셀로 가는 파리–릴 노선에 이어 영국으로 향하는 파리–불로뉴 노선이 1848년 개통되었으며, 세 개의 교외 노선이 개통되어 1859년 처음으로 파리와 크레이를 연결하였다. 라 샤펠을 포함한 여섯 개의 화물 정거장이 북역에 연결되었다. 1889년 파리 세계 박람회 때, 천만 명의 여행객들이 북역을 지나갔다. 새로운 세기의 전환기에 북역에서는 스물 여덟 개의 철로가 운영되고 있었는데, 여기에는 열 개의 광역 노선과 일곱 개의 교외 노선이 포함되어 있어(나머지 노선은 수아송 노선과 전차, 내부 순환 노선용이었다) 하루에 160~180편의 열차가 운행되었다. 1906년부터 파리 지하철과 연결된 북역은 새로운 교통수단과 연결되는 첫걸음을 떼는 동시에 다양한 운송 사업자들 간의 공간 분리를 처음으로 시도하게 되었다. 1930년대 이후, 특히 북부 교통망 전기화 시기인 1960년대에 여러 가지 확장이 이루어졌다.

1970년대에 주차장 공사 등을 추진하면서 본래 건물에 생리학적인 변화가 일어났다. 북역은 도시의 교통체증 증가에 대응해야 했다. 이 시기에 북역은 주요 진화를 준비했다. RER 남북 상호 연결을 위한 지하 공간 역 건설이 1977년에 결정되었다. 1980년대 초, 북역은 RER 개통과 교외 노선 철로 이동, 버스터미널 건설 등으로 완전히 개조되었다. 1990년대는 가속화된 변화의 시대였다고 할 수 있다. 1993년 북역은 고속열차와 유럽의 상징으로 다시 부활했다. 그해 첫 번째 북방 고속열차 구간이 개통되었고, 1994년에는 영국으로 가는 유로스타가, 1996년에 북유럽으로 가는 탈리스가 개통되었다.

메자닌을 통해 접근할 수 있는 유로스타 터미널은 해저터널 횡단과 유럽 지역, 셍겐 지역 회원국들 간의 교통법규와 관련된 특정 조직과 접근성을 갖추었다. 마지막으로, 1999년 동서 RER의 새로운 노선인 에올레를 수용할 마젠타역이 지하에 건설되었다.

1975년 이래로 역사적인 기념물로 등록된 북역에는 많은 변화가 있었다. 지금은 전시 공간, 피아노 연주 공간, 100개 이상의 상점(카페, 식당, 식료품점, 의류판매점)과 보육시설, 연구시설이 있다. 2014년에는 여행자의 이동과 정보 수집을 용이하게 하기 위해 새로운 현대화 프로그램이 시작되었다. 2018년을 목표로 경찰서 확대, 비즈니스 센터 개설, 영불해협 터미널 확충, RER 교환실 개조 등이 계획되었다. 그 기원에서부터 오늘날에 이르기까지, 북역은 파리 중심이라는 공간적 제약에도 불구하고 통행량 면에서 오랫동안 가장 많은 통근자들이 이용하던 생 라자르 역을 포함한 유럽의 다른 기차역들을 능가할 정도로 점진적으로 확장되었다.

다양한 모빌리티의 도가니 혹은 벌집

팀 크레스웰이 스히폴공항을 상세하게 설명하면서 묘사한 생태계 이미지와 같이, 북역은 이곳을 이용하는 여행자들보다 훨씬 더 다양한 형태의 모빌리티를 생산한다. 북역은 이곳을 움직이는 영구적인 북적거림으로 인해 '벌집'이라는 별칭까지 생겼다. 상대적으로 정체되어 있는 순간이라고 할 수 있는 매일 새벽 1시 30분에서 4시 30분 까지, 역사驛舍 문을 닫는 이 세 시간을 제외하곤 북역은 복잡한 모빌리티의 도가니와도 같다. 이곳은 파리 북부 지역의 진정한 사업단지로서 매일같이 거의 2,500명의 직원을 수용한다. 철도회사, 유로스타 및 탈리스 직원, 시설(에스컬레이터, 엘리베이터, 게시판, 정보 화면, 음향 광고 시스템…) 유지 보수 및 청소와 보안 업무를 담당하는 모든 하위 직급 직원이 있다.

또한 지방경찰, 국경 경찰, 영국 출입국관리 및 세관 등 역내 개인의 모빌리티를 관리 규제하는 사람들 역시 이 목록에 추가될 수 있다. 이들은 역 운영에 있어 핵심적인 역할을 수행하는데, 특히 영불해협 횡단철도 서비스는 조금 더 상세한 검토가 필요하다.

기차역 이용자들의 전형적인 모습은 그냥 스쳐 지나가는 여행자와 역 근처 주민들을 포함한 가까운 상점 고객들, 그리고 마을 광장의 마로니에 나무 그늘을 찾듯이 역을 찾는 마을 사람들에 이르기까지 매우 다양하다. 유로스타 노선을 타고 해협 아래를 고속으로 이동하는 경험이 처음인 여행자들이 전체 유로스타 여행자의 약 3분의 1에 이른다. 이 방문객들은 특히 소매치기와 다른 도둑들의 쉬운 먹잇감이 되어 그들의 모빌리티까지 대거 끌어들이게 된다. 피해를 본 여행자는 신고를 하러 경찰서에 들르거나 임시 신분증을 발급받고자 영사관에 들르게 되는데, 이러한 장소들로 인해 예측하지 못했던 다양한 모빌리티가 발생한다. 특히 역 한가운데에 자리한, 영불해협 횡단 터미널이라는 특별한 공간이 우리의 관심을 끈다. 앞으로 살펴보겠지만, 북역 중심부에 위치한 이 협소한 역사적인 장소는 특정한 시설을 필요로 하지만, 이 시설을 사용한 결과(경험)에 영향을 미치는 시설은 아니다. 오늘날 파리와 런던을 잇는 유로스타를 운행하는 이곳이야말로 유럽의 가장 큰 역에 있는 미니 국제 공항이라고 할 수 있다.

영불해협 횡단모델

1994년부터 유로스타가 운영하는 영불해협 횡단철도 노선은 가장 깊은 지점이 해수면 아래 약 195미터에 이르는, 약 50킬로미터 길이의 터널이라는 매력적인 기술력 덕분에 상업적인 성공을 거둔 유일한 모델이 되었다. 이 노선의 운영을 위해, 팀 크레스웰이 개발한 이론적 모델과 가장 잘 어울리는 실용적인 사례인 '영불해협 횡단모델'을 개발해야만 했다. 그렇다면 현행 법규는 어떻게 물리적 공간과 모빌리티의 흐름을 형성하는가? 이 틀은 어떻게 개인과 그들의 소유물에 대한 모빌리티까지 억제하는가? 오래된 기차역에 적용되어 온 법률의 이중적 제약에 지속적으로 적응하

기 위해 유로스타 운영자는 어떤 아이디어를 개발하였는가? 이런 문제들을 좇다 보면 비록 개념상 유일한 영불해협 횡단모델이지만, 유사한 생각들이 파리역, 릴―유럽역, 칼레―프레팅역, 브뤼셀 미디(남역), 마른 라 발레역, 아비뇽 성트르(중앙역), 부르그 생 모리스역에서 변화무쌍한 방법으로 구현되고 있음을 알게 된다.

1957년 로마협정, 캔터베리협정, 그리고 셍겐협정을 포함한 다양한 헌법과 규제에 따라, 영불해협 횡단철도는 일반적으로 국제항공운송과 관련된 출입국 및 안전 규정을 준수해야 하는데, 이는 개인 모빌리티 규제의 구성 요소라고 할 수 있다. 이민에 관한 한, 대륙에서 출발하는 모든 여행자는 셍겐협정 영토의 출국 및 영국 입국에 대한 출입 통제에 따라야 한다. 왜냐하면 영국은 셍겐 지역이 아니기 때문이다.

안전을 위해, 모든 조치들은 터널 기반 시설의 온전함을 보장해야 한다. 즉, 해협을 건널 때 폭발적인 엔진으로 열차에서 촉발될 수 있는 손상을 방지해야 한다.

이 규칙들은 모든 운전자에게 마찬가지로 적용되며, 주행에 관계없이 동일하게 적용된다. 그러나 이러한 규칙과 의무의 대치, 출발 또는 도착 역의 현실, 특정한 구성, 물리적 배치, 철도 사업자나 감독 당국에 부과되는 운영상의 제약으로 다양한 적용 사례가 발생했다. 이는 팀 크레스웰이 이야기한 일반적인 법률의 틀과 개인의 필수적 모빌리티 필요성, 운영자들을 창의적이고 혁신적이 되도록 유도하는 경제적·물리적 제약 조건 사이의 상호작용이 반영된 결과물이라고 볼 수 있다.

기차역 안으로 들어온 공항

예를 들어, 파리북역에서 출발하여 런던 세인트 판크라스역으로 가는 유로스타 승객은 플랫폼에 접근하기 전에 다음과 같은 조치를 취해야 한다.

- 안전과 (해저터널 내에서 대피해야 하는 상황에 대비하여 각 열차에 탑승하는 사람이 얼마나 되는지 알아야 한다) 회계를(해저터널 사용에 대해 철도회사가

지불하는 통행료는 열차에 탑승하는 승객의 수에 따라 달라진다) 위해 자신의 표를 등록해야 한다.

- 셍겐 지역 출국을 위해 국경 경찰의 출입국 검사를 받아야 한다.
- 영국령에 입국하기 위해 국경 심사대의 입국 검사를 받아야 한다.
- 금속 탐지 관문 아래로 통과하여 보안 검사를 받고, X선 검사로 모든 수하물을 점검해야 한다.

이 노선에서 이루어지는 특징적인 절차는, 한곳에서 이루어지는 쌍방향 이민 통제이다. 영국·프랑스·벨기에 간의 협정에 따라 프랑스 또는 벨기에 역에서 영국 입국 검사를 할 수 있으며, 항공 분야에서는 영국 영내와 도착 공항에서 영국 입국 검사를 실시할 수 있다. 북역에서 시행되는 쌍방향 제어는 운영과 사업상 여러 가지 장점이 있다.

영국 당국 입장에서는 이러한 쌍방향 제어로 영국 국경 밖에서 사람들의 이동을 감독할 수 있기 때문에, 영국 영토에 도착해서 정치적 망명권을 주장하는 불법 이민자들의 유입을 방지할 수 있다. 이러한 점에서, 상가테Sangatte 캠프와 그 뒤를 이어 생겨난 임시 수용소들이나, 모든 수단을 동원하여 영불해협을 횡단하려는 이민자들의 치명적인 시도가 영불해협 횡단철도 모델을 만들어 낸 현실임을 상기할 필요가 있다. 팀 크레스웰이 주장한 바의 구체적인 사례인 셈이다. A지점에서 B지점으로 똑같이 이동하고 싶어 하는 사람들은 그들이 속한 세계에 따라 각자의 모빌리티로 밝혀지고 강화되는 큰 불평등에 직면하게 된다.

> 이 노선에서 이루어지는 특징적인 절차는, 한곳에서 이루어지는 쌍방향 이민 통제이다.

쌍방향 제어는 유로스타 철도 사업자와 그 고객들에게도 이익이 된다. 그들은 파리발 열차에 탑승하기 전에 두 차례의 입국 검사를 받아야 하지만, 영국 공항에 도착하고 나면 다른 승객들과 달리 사실상 자유롭게 역에서 떠날 수 있다.

모든 제어장치가 한 공간에 집중된 덕에 절약

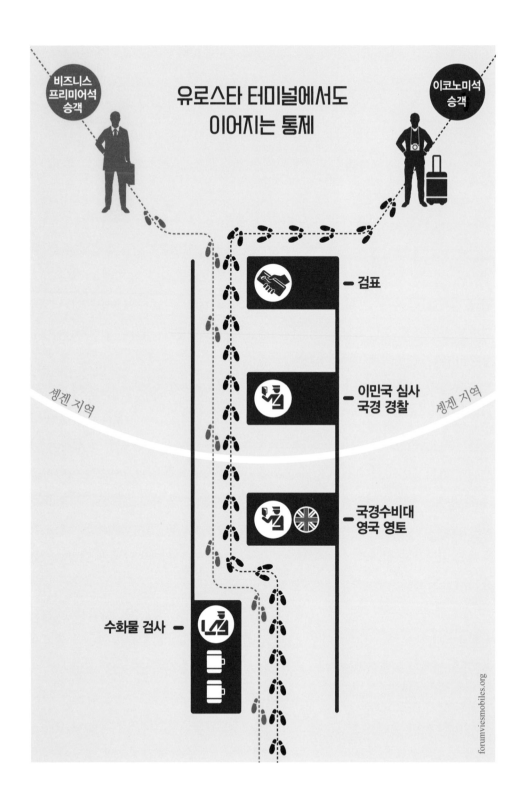

유로스타 터미널에서도
이어지는 통제

비즈니스
프리미어석
승객

이코노미석
승객

검표

이민국 심사
국경 경찰

셍겐 지역

셍겐 지역

국경수비대
영국 영토

수화물 검사

forumviesmobiles.org

된 시간은 고객들에게 더 나은 여행 경험을 제공한다. 반면 모든 제어의 실행을 가능하게 하는 더 무거운 제약 조건 때문에 출발역에서는 물리적으로 매우 명확한 공간 분할을 수반해야 하고, 통제에 필요한 도구와 시설을 갖추어야 하며, 이로 인해 유로스타 내에서는 물론이고 프랑스와 영국 국경에서도 상당한 인원을 동원해야 한다. 또한, 이로 인해 고객의 여행 경험이 그 이유나 타당성을 이해하기 쉽지 않은 국제 운송 세계에서의 연속적인 통제로 특징지어지게 되었다. 여행자들은 단지 기차를 타기 위해 두 개의 다른 출입국관리자들에게 따로따로 신분증을 제시해야 한다. 이는 익숙하지 않은 절차이다. 프랑스 영토, 그것도 파리 시내 한가운데에 분리된 형태로 이식된 영국 국경. 이것이 팀 크레스웰이 연구한 현상이다.

이러한 쌍방향 제어는 영불해협 횡단 터미널 내의 모빌리티 형성 흐름의 관리를 비롯한 각종 운영 절차의 수립을 포함한다.

이 제어 지점들은 고객들이 열차에 탑승하기 전 가장 빠르고, 유동적이며, 구속이

UK Border Control
Royaume-Uni - Contrôle aux frontières

BUSINESS PREMIER
CARTE BLANCHE EUROSTAR

>>>

TOP

적은 경로로 단말기를 통과하는 것을 방해하는 장애물로 정의할 수 있다.

　이러한 점들을 고려하여 파리북역은 강제적이고 물리적인 틀 안에서 플랫폼 운영 노하우와 인프라 설계를 최대한 모델링할 수 있는 운영자의 전문 지식(수동 출입국 통제 지점, 자동화 제어 시스템, X선 검사기, 대기 공간 및 제어 라인 간 이동)을 갖추고 있다.

흐름의 제한과 개인화된 서비스 제공

유로스타와 같은 철도 사업자의 현실은 부분적으로 모순되는 두 가지 목표를 동시에 추구한다는 것이다. 전체적인 흐름의 최적화를 보장하며, 일부 여행객들에게는 독점적인 서비스를 제공해야 한다. 모든 기교 혹은 운영의 효율성은 두 목표 사이에서 최적점을 찾는 능력에서 나온다.

유로스타는 매우 평범한 철도 서비스다. 운전자는 기차역에서 출발하여 도착하는 열차를 운행한다. 그러나 안전 및 이민 통제와 같은 유로스타의 운영 제약 조건은 모든 항공사가 국제 노선에 대해 시행하고 있는 것이다. 따라서 유로스타의 환경은 역내에 있다는 것만 빼면 공항과 유사하다. 이러한 철도 및 항공 분야의 결합은 특히 이 둘 사이의 경쟁이 가장 두드러지는 북역 내 유로스타 공간을 독특하게 만든다. 철도 운송 표준과 항공 분야의 통일되고 세계화된 특징을 모두 알고는 있지만, 두 분야의 이동 및 제어 관행이 혼합되어 있는 하이브리드 공간을 통과한다는 것은 여행객들에게 특이한 경험을 제공한다. 결코 미리 대비할 수 없는 경험이다.

연속적인 안전 및 이민 통제는 비행기보다 열차에서 두드러지는 이동의 자유를 침해하는 방해물로 여겨진다. 가장 충성스러운 고객은 (일반적 영역과 명확히 구별되는 전용 등록 구역을 제공하는 공항과 달리) 전용 공간을 사용하지 않고도 (이민관, 세관관, 출입구 등에서) 우선적으로 고속 등록 서비스를 이용할 수 있다. 전체 흐름에서 가장 경제적이고 신속한 처리를 보장받는 것이다. 터미널 한쪽의 대기줄이 점점 길어지는 것은, 비록 통제 당국의 지침상 어쩔 수 없는 일일지라도, 물류 측면에서 볼 때 유감스러운 일이다. 이는 또한 출입국관리자들에게는 일등석 고객의 부재로 여겨질 것이다.

파리에서 런던까지 매일 16~18회 왕복, 브뤼셀에서 런던까지 9~10회 왕복 등 유로스타가 제공하는 모빌리티는 유럽 시장에 밀집되어 있다. 이는 각 열차가 각 방향으로 750개의 좌석을 제공한다는 점을 고려할 때 더욱 두드러진다. 한산한 시간대에는 매 시간, 바쁜 시간대에는 매 30분마다 750명의 승객이 열차에 탑승하기 위해 관세와 출입국 및 안전 검사를 통과해야 한다.

이러한 행위의 목표는 고객들을 차별화되지 않은 일반적인 집단으로 간주하는 것이고, 이는

> **연속적인 안전 및 이민 통제는 비행기보다 열차에서 두드러지는 이동의 자유를 침해하는 방해물로 여겨진다.**

고객 흐름에 대한 물리적이고 유체역학적인 접근에서 나온다. 여기서 고객은 항공 운송 분야에서처럼 pax[2] 단위로 취급된다. 기차 터미널은 pax/시간, 유로스타라는 특수한 경우에는 pax/15분으로 측정된다! 자원 및 흐름의 최적화는 절대적인 패러 다임이며, 그 어떤 상업적인 정책도 없다는 전제 하에 모든 여행객을 같은 방식으로 취급하는 것은 자연스러운 귀결이다.

하지만 유로스타는 1등급 전용 서비스와 카르트 블랑슈Carte blanche 로열티 프로그 램, 카르트 블랑슈 엘리트 프로그램 등 등급화된 회원 관리로 고객에게 최상의 편의 를 제공하려 한다. 거의 5만 개의 좌석이 유로스타 네트워크에서 매일 이용되는데, 이는 에어버스 A320 285대 이상의 좌석 수이다. 이러한 이동량은 시장을 발전시키

---

2 항공 분야에서 사용되는 용어로, pax는 승객을 의미하는 구두 약어이다. 승객 수를 측정하는 단위로 사용되는데, 철도업계 역시 여행 사들에게 익숙한 이 어휘를 채택했다.

고 실질적으로 지속시키는 수요와 공급의 대폭적인 분할 없이는 이루어질 수 없다. 모든 유로스타 여행객은 기차 출발 전 30분 이내에 기차역에서 관세 등록 및 출입국 및 보안 검사를 받아야 하는데, 일등석 고객 및 카르트 블랑슈 로열티 프로그램 회원 은 10분 만에 고속 서비스를 받을 수 있다. 비즈니스 프리미어 서비스 수혜자와 가 장 충성스런 여행객들에게 제공되는 이 차별적이고 배타적인 편의성은 유로스타가 항공사와의 경쟁에서 내세우는 가장 큰 이점 중 하나이다.

유로스타가 안고 있는 다양한 서비스 문제의 관건은, 어떻게 기차라는 공간적 제 약을 극복하는가이다. 이러한 운영상의 당면 과제를 해결하는 데 필요한 것은 정밀 한 현장 지식과 최적의 흐름 및 고객 관리를 위한 적절한 절차를 확립하는 것이다. 원활한 이동 흐름과 맞춤 서비스라는 이중적인 과제 앞에서 승객의 열차 탑승 순서 는 더 이상 중요한 문제가 아니다. 유로스타는 일단 탑승 구역에 대기줄을 설치하 여, 승객들이 탑승할 차량에 따라 올바른 탑승구에 배치되도록 한다. 승객이 플랫폼 에 도착하면, 직원들이 정보를 제공하고 안내하여 탑승을 돕는다. 이때 일등석 승객 은 각 차량 입구에서 대기하는 직원들이 제공하는 맞춤형 환대 서비스(짐을 들어 주 는 등)를 제공받는다.

통제 조항 혹은 움직이는 기계

파리북역 터미널은 8개의 국경수비대용 제어소와 10개의 영국 국경관리기구 보더 포스Border Force용 제어소, 그리고 5대의 X선 제어 기계를 갖추고 있다. 파리북역이 제공하는 인프라를 검토하려면 인프라의 물리적 용량을 제어하는 장치들을 살펴 봐야 한다. 파리북역은 영불해협 횡단교통의 성장을 지원하기 위해 2016년부터 기 차 노선 수를 약 30퍼센트 늘릴 예정이다. 물론 그러려면 각 당국이 모든 업무별 인 력도 그에 맞춰 증가 배치해 주어야 한다. 쉽게 상상할 수 있듯이, 제어 지점에서 가 장 느린 속도로 이루어지는 점검이 전체적인 속도를 빠르게 만든다. 점검은 연속적

탑승 가능 승객 수

: 유로스타의 승객 수는 에어버스 A320 승객 수의 다섯 배이다

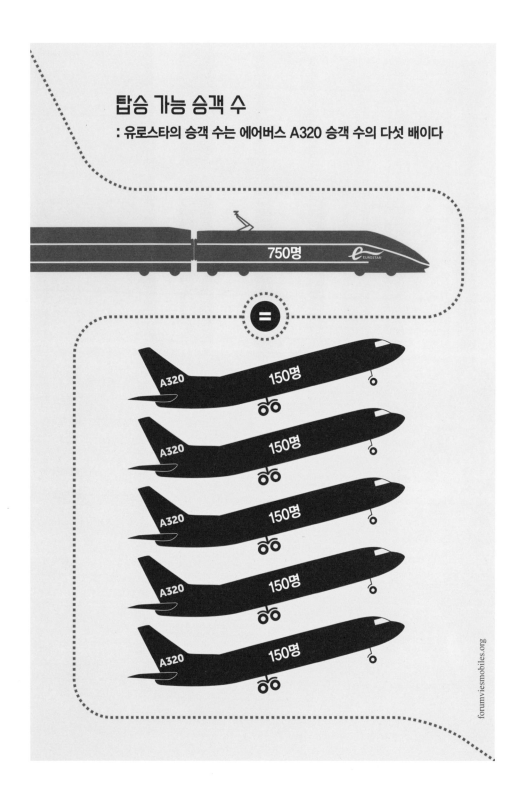

forumviesmobiles.org

> **차량 자체를 비롯한 모든 물건과 사람의 폭발물 소지가 금지된다. 열차의 '멸균성'은 결과적으로 영불해협 횡단 지역의 '멸균화'를 의미한다.**

으로 이루어지기 때문에 승객 통과에 가장 많은 시간이 걸리는 단계가 전반적인 통제 통과 속도를 결정한다. 모든 단계마다 체계가 있고, 다른 단계에 개방되지 않는다. 관계자들은 언제나 각 제어 당국이 예상하는 여행자 수와 특정 시간대에 동원 가능한 헌병 수에 맞춰 최적화를 추구한다. 이 종합적인 운영 체계에 영불해협 횡단 운영이 당면한 특징적인 과제들이 담겨 있다.

- 일부 '국경수비대 제어소positions PAF'는 프랑스 국경수비대의 제어 지점 바로 뒤에 설치된 '보더포스Border Force 제어 지점'과 달리 프랑스 당국이 명시한 셍겐협정 적용 규칙에 따라 그 통제 대상을 유럽경제지역 시민으로 한정한다. 서로 연결되어 있는 이 제어 시점들로 인해 승객 흐름을 통제하는 운영 관리가 복잡해지는데, 어느 통제구역에 있는지에 따라 고객의 지위가 다소간 변화한다.

- '패스트 트랙fast-track'으로 불리는, 1급 고객 및 카르트 블랑슈 소유자를 위한 유로스타 우선 등록 서비스는 흐름 관리에 국적 구별 외에 추가적인 복잡함을 더한다. 대상 고객들은 디스플레이 화면과 지상 모두에서 별도의 신호로 표시된 특별 라인을 이용할 수 있고, 전용 에스컬레이터 등 우선적이고 특별한 서비스를 제공받는다.

해저터널의 통과에 관해 정부 간 위원회CIG[3]가 부과하는 안전 점검은 영불해협 횡

---

3 정부 간 위원회는 영불해협 터널 규제 기관이다. 이 위원회는 관련 조항이 국가 규정으로 이행되는 이 양립형 기반 시설의 운영 규칙을 규정한다.

단모델의 또 다른 기본 요소이다. 이에 따라 차량 자체를 비롯한 모든 물건과 사람의 폭발물 소지가 금지된다. 철도 안전 분야 고유의 언어를 사용하자면, 열차의 '멸균성'은 결과적으로 영불해협 횡단 지역의 '멸균화'를 의미한다. 그것은 무엇보다도 기반 시설의 보호를 목표로 하며, 금속 감지 및 수화물 X선 검색을 포함한다. 영불해협 횡단 지역 인프라의 멸균은 기밀성, 즉 모든 무단침입자의 출입 통제와 분리될 수 없다. 이는 잠재적 위험과의 관련성 외에도 국경통제 규정에 위배되는 사항이기 때문이다. 해당 장치의 파손은 재멸균 절차를 야기할 것이다. 이것이 크레스웰이 시스템의 '난기류'라고 부르는 것이다. 우발적이든 고의적이든, 관련 장치의 정상적인 작동이 중단되면 이 절차가 완료된 후에야 열차를 다시 운행할 수 있고, 이는 승객들의 모빌리티에 영향을 끼친다. 이 부분에 대해서는 나중에 좀 더 자세히 살펴볼 것이다.

이 지역의 멸균화 운영 방식은 소위 '영불해협 횡단모델'을 구성하는 파리북역의 매우 특별한 인프라와 규칙 및 절차에 기초한다.

• **철조망으로 구획된 4개 철로의 영구적인 봉쇄** 카메라와 적외선 장치의 보조를 받는 경비대가 2개 출입구에서만 접근 가능한 이 철로를 감시한다.

  26개 철로 중 4개 철로가 영불해협 횡단철도 서비스에 할애되고 있는데, 이는 유럽 최대 기차역이 갖추고 있는 철도 인프라의 15퍼센트에 해당한다. 반면, 유로스타를 이용하는 약 6백만 명의 여행객은 매년 전체 여행자의 3퍼센트 미만을 차지한다.

  팀 크레스웰의 용어를 빌리자면, 이러한 불균형은 영불해협 횡단의 모빌리티가 도시 내, 지역 내, 국내, 심지어 탈리스와 같은 국가 간 철도교통과 어떻게 다른지 그 의미와 가치의 차이를 잘 반영한다. 그것은 현행 법률과 정책 및 규제 결정들이 시장경제와 공공공간의 형성에 얼마나 영향을 미칠 수 있는지를 보여 준다. 팀 크레스웰이 주장하는 것처럼, 이러한 행위들은 항상 권력의 맥락에서 만들어진다.

- **해당 지역으로 들어오는 물건과 사람에 대한 100퍼센트 통제** 세계의 모든 공항에서처럼, 모든 여행객이 금속 탐지기를 지나고 각자의 개인 소지품에 대한 X선 검사를 받는다. 마찬가지로 터미널에서 근무하는 모든 직원들은 동일한 장비를 갖춘 서비스 입구를 통해 멸균 구역으로 출입한다. 기차에서 판매되거나 적재될 수 있는 화물(식품, 잡지, 수하물, 소포)에 이르기까지, 영불해협 횡단 터미널로 들어가는 모든 것은 필수적으로 검색을 거쳐야 한다. 체계적으로 통제되고 수색되는 이 모든 과정은 여행자의 불만을 초래할 수밖에 없다. 게다가 프랑스·영국·벨기에 3국은 유럽연합의 일부이지만, 이들 국가 간의 관행은 균등하게 이루어지지 않는다. 영국의 보안 규칙은 여행자들에게 코트나 쟈켓은 벗도록 요구하면서 허리띠는 *끄르지* 않아도 된다고 하는 반면, 프랑스에서는 휴대폰과 같은 전자기기만 코트나 쟈켓에서 꺼내라고 요구하고 있다.

2001년 9월 11일 테러가 일어나기 전에는 30퍼센트의 사람들과 수하물만 수색되었다. 그런데 이후 분명한 이유로 인해 제어율은 100퍼센트로 변경되었고, 그에 따라 단말장치가 설치되었다. 이를 통해 보안 통제가 대폭 강화되었고, 여행자의 흐름은 늦춰졌다.

2001년 9월 11일 테러가 일어나기 전에는 30퍼센트의 사람들과 수하물만 수색되었다. 그런데 이후 분명한 이유로 인해 제어율은 100퍼센트로 변경되었고, 그에 따라 단말장치가 설치되었다.

사실, 이러한 조치는 제한된 공간에 더 많은 X선 검색기와 금속 탐지기를 설치해야만 효력이 생긴다.

- **열차 멸균** 선로 봉쇄와 물건 및 사람에 대한 통제만으로는 북역과 영불 해협 횡단 지역의 완전한 멸균을 보장하기는 어렵다. 이 지역에 들어가는 열차는 그 자체로 멸균 상태여야 한다. 따라서 이를 위한 완전한

절차와 장치가 설계 및 구축되었다. 북역으로 들어오는 기차는 다른 역에서 출발하여 오는 경우도 있으나, 대부분 정비소에서 출발한다. 두 경우 모두, 유로스타가 설치한 시스템은 처음부터 멸균상태를 보장하여 불법으로 탑승하는 사람이 트로이 목마에 오르지 못하도록 한다. 물론 이는 열차가 운행 중 비멸균 구역에는 정차하지 않는다는 전제에서만 가능한 일이다. 출발 지점과 도착 지점 사이에서 안전하게 유지되는 이동성은 기차의 '멸균성'을 보장한다. 의심스러운 경우가 발생하면, 플랫폼 멸균을 위해 군견팀이 출동한다.

브뤼셀 미디역, 유로스타 교통의 두 가지 시스템

브뤼셀 미디역(남역)은 런던으로 가는 유로스타 정기 노선의 종착역이다. 파리북역과 비교할 수 있는 이곳에서도 이전 장에서 설명한 것과 유사한 영불해협 횡단 장치와 절차를 제공한다.

그러나 브뤼셀 미디역에는 이 역만의 특색이 있다. 파리북역에서 출발하는 모든 여행객은 영국으로 향하는 반면(런던-세인트 판크라스, 애쉬포드 인터내셔널 혹은 엡스플리트 인터내셔널), 브뤼셀 미디역에서 유로스타에 탑승하는 일부 승객들은 릴-유럽역 또는 칼레-프레텅역으로 간다. 이는 사소해 보이지만, 브뤼셀 미디역과 파리북역 간의 근본적인 차이다. 바로 현행 협정, 특히 셍겐협정에 따라 두 종류의 여행객이 브뤼셀 미디역을 이용한다는 것을 의미하기 때문이다.

- 프랑스로 가는 여행자는 셍겐 지역에서만 이동하며, 따라서 영국 출입국의 통제를 받지 않아도 된다.
- 영국으로 가는 여행자들은 파리북역에서 출발한 모든 승객들처럼 셍겐 지역을 떠날 준비를 하고 있다.

브뤼셀 미디역에서 시행되는 영불해협 횡단모델은 이 두 그룹 모두에게 적절한 절차를 보장하면서도, 기차가 셍겐 지역의 마지막 역에서 출발할 때까지 이들 사이의 완전한 분리도 보장해야 하기 때문에 브뤼셀 미디역은 별도의 인프라를 갖추고 있다.

- 1층에 있는 터미널은 영국으로 가는 승객용으로, 영불해협 횡단과 관련된 필수적 통제 체계를 갖추고 있다.
- 철도로 연결되는 2층은 셍겐협정 지역 이동을 위한 터미널로, 해당 구역과 객차의 방역을 위해 금속탐지기와 X선 기계를 이용한 무역 등록과 안

전 점검이 이루어진다.

무역통제는 상업적 범죄를 예방하기 위한 것이며, 안전 검사는 해저터널을 통해 영국으로 향하는 열차의 안전성을 보장한다.

브뤼셀 미디역에서 시행되는 셍겐 지역 내외 흐름의 엄격한 분리는 열차의 한쪽 끝에 셍겐 지역 내 승객 전용 공간이 따로 있는 유로스타에서도 지속된다. 벨기에 보안 당국자는 어느 누구도 이 공간을 떠나지 못하도록 한다. 상대적으로 최근이라 할 2013년 이후, 이 새롭고 복잡한 영불해협 횡단모델은 현재 시행 중인 법률 및 규제 준수, 단순한 승객 제어 시스템, 릴과 브뤼셀 간 통근 인구의 강력한 기대에 부응해야 하는 과업 사이에서 타협점을 도출해 냈다. 유로스타 서비스의 주목적은, 인근 두 개 대도시 간의 일일 단거리 여행이 아닌 영불해협 횡단이라는 국제 운송이라고 할 수 있다. 셍겐 지역으로의 이동성 확장 역시 어느 정도 포함된다고 할 수 있는데,

프랑스로만 가는 승객들을 수용하는 객차도 일부 따로 있기 때문이다.

일시적인 영불해협 횡단 터미널의 특수한 경우

유로스타가 운행되는 모든 역이 파리북역, 브뤼셀 미디역, 마른 라 발레역과 같은 영구적인 영불해협 횡단 시설을 갖추고 있는 것은 아니다. 그중에는 계절적 특성에 따라 운영되는 '계절적 기차역'도 있다. 아비뇽 성트르(중앙역. 2014년까지)는 여름에만, 영국으로의 직항 노선을 제공하는 부르그 생 모리스역과 무티에역은 겨울에만 운행된다. 그럼에도 계절 서비스는 런던을 출발하여 목적지로 곧장 갈 수 있는 간편하고 편리하며 경제적인 방법을 찾는 여행자들에게 대단히 큰 인기를 끌고 있다. 물론 이들 역에서도 솅겐 지역과 영국 간 개인 이동 관련 법률과 해저터널 안전 관련 규정이 동일하게 적용된다.

그러나 그렇다고 해서 이 역들이 연중 단 몇 번의 토요일을 위해 영구적인 영불해협 횡단 인프라를 갖추는 것은 너무나 비경제적이다.

이에 따라 좀 더 낯선 행선지로의 직행 서비스를 가능하게 하는 더 유연한 일시적 영불해협 횡단 아이디어가 탄생했다. 이 경우 영국 출입국 검사가 출발역이 아닌 도착역에서 이뤄지기 때문에, 계절적 목적지에 적용되는 영불해협 횡단모델은 쌍방향 통제 원칙에서 벗어나 일종의 민첩성을 가지게 됐다. 물론 이는 영국 당국이 아비뇽이나 부르그 생 모리스 같은 도시에서 국경통제 인력을 고용할 수단이 없기 때문이지만, 결과적으로 이러한 계절 역들은 파리북역이나 브뤼셀 미디역과 같은 값비싼 통제소나 사무실 및 기타 인프라를 갖추지 않게 되었다. 이러한 유연성은 주로 영불해협 횡단 영역의 '멸균화' 과정은 물론 보다 유동적인 시간적 정확성에서 기인한다. 그 밖에도 보안 요원을 배치하여 고정 철책을 대체하고, '차벽'을 세워 장벽 역할을 하게 한다. 이는 해당 구역과 열차의 멸균을 보장하는 매우 창의적인 장치라고 할 수 있다.

물론 이렇게 경미한 멸균 절차만으로 유럽 대륙의 모든 역을 임시적인 영불해협 횡단 기차역으로 전환할 수는 없다. 공간적·경제적 또는 예산 관련 제약 조건들 때문이다. 가령 보르도 생 장, 마르세유 생 샤를, 리모쥬, 스트라스부르그, 리옹 파르디외역은 영국과 대륙 간 교류를 발전시킬 유로스타용 임시 인프라를 갖추지 못할 것이다. 현재로서는 유로스타가 다중 회선역 서비스를 개발하여 영불해협 횡단모델 고유의 인프라가 필요없는 새로운 목적지들을 확장해 가는 것이 최선책이다. 이들 철도 허브는 그 지리적 위치와 환경적 조건, 인구 및 경제력으로 청정한 시장에 접근할 수 있도록 하는 주요 역들이다. 영국–유럽 대륙 간 국제 철도망에서 그 중요성이 점점 더 커지고 있는 릴과 브뤼셀의 사례가 그 대표적인 예라고 할 수 있다.

영불해협 횡단철도의 임시 터미널 사례: 릴–유럽과 칼레–프레텅역의 경우

자원의 부족은 창의성을 자극한다. 예를 들어, 릴–유럽역과 칼레–프레텅역은 철도와 플랫폼이 한정되어 있다. 특히, TGV, TERGV,[4] 탈리스 및 유로스타 서비스가 4개 철로를 공유하고 있는 릴–유럽역에서 특히 그렇다. 파리북역에서 유로스타에 유일하게 배정되는 철로의 수가 4개라는 점을 상기해 보라. 그럼에도 불구하고, 릴–유럽역에서는 영국행 영불해협 횡단 기차가 매일 열 차례 출발하고 있다. 이것이 가능한 것은 영불해협 횡단모델 시설을 제공하는, 제한된 기간 동안 일부 철도를 격리할 수 있는 모듈식 설비 덕분이다. 좀 더 자세히 살펴보면, 역내 상업적 등록 카운터(체크–인 카운터), 이민국 관리소, 출입국관리소PAF와 국경관리소Border Force가 모두 쌍방향 통제 원칙에 따라 운영되며, 프랑스 세관이 영불해협 횡단 지역의 안전과 보안 보장을 위해 X선 검색기를 운용하고 있다.

---

4   TERGV는 노르 빠드 깔레 지역의회의 보조를 받는 노선으로, TGV의 설비를 활용한 근거리 지역 철도이다.

바닷속 철도 횡단이라는 특수한 경험

팀 크레스웰이 지적했듯이, 모빌리티 창출에 대해 이야기할 때 이동의 의미와 실제 경험의 문제는 핵심적이다. 유럽의 두 수도 사이에 놓인 해저터널을 지나는 유로스타 여행의 다른 의미를 설명하는 가장 간단한 방법은 여행자들의 경험을 비교하는 것이다.

고속철도와 고속철도의 상대적인 민주화는 국가나 도시 간, 먼 지역들 사이의 정기적인 또는 간헐적인 사업 교류와 이동을 증가시켰다. 이동의 지리 자체가 바뀌게 된 것이다. 따라서 현재 같은 유로스타 열차에는 하루나 이틀 또는 사흘 동안 출장 중인 비즈니스 여행객과 파리에 거주하면서 런던에 근무하는 통근자, 그리고 유럽 여행에서 유로스타를 경험하고 싶어 하는 관광객이 함께 자리하고 있다. 물론 이들 각자에게는 이 여행이 같은 의미가 아닐 것이다. 특히 다른 대륙에서 온 관광객들에게는 휴가가 끝나면 친척들에게 이야기하고 싶을 만큼 영불해협 기차 여행은 특별한 경험이 될 것이다. 비행기를 더 탈 필요 없이 세계에서 가장 유명한 두 관광도시, 파리와 런던을 방문하는 경험이니 말이다.

한편 통근자와 출장을 자주 떠나는 비즈니스 여행자에게는 이 횡단의 의미가 전혀 다를 것이다. 그들의 초超모빌리티는 사회적으로 역동성의 증거로 평가되는 것은 물론이고, 직업적 필요와 이동을 느끼고자 하는 개인의 요구를 모두 충족시킨다. 자신과 타인에게 기분 좋은 이미지를 전달하는 이러한 모빌리티는 끝이 없는 것처럼 보이는 노력과 에너지를 필요로 한다.

실제로 해협 간 초모빌리티는 이동통신망과 영구적으로 연결되면서 두 배로 증가했다. 2013년 3G 통신 중계가 설치되기 전에는, 해저터널 횡단은 비즈니스 이용자들에게 매우 중요하며 필수적인 세계 네트워크와의 단절을 의미했다. 유비쿼터스의 환상을 제공하는 통신망의 세계에서 잠시 이탈하여 바다 밑 현재의 시간을 직면하는 시간이었다. 이제 현대식 지상 운송 수단으로 가능해진 초연결된 극도의 이동성은 역설적으로 그들의 탈출 수단이 되었다.

영불해협 횡단 이동 스펙트럼의 다른 끝에는 영국으로 가는 이민자들이 있다. 실제로 유럽 대륙과 영국 간의 연결은 동유럽, 중동, 아프리카에서 출발한 이민 흐름의 중요한 전환 지점이다. 영불해협 해저터널은 종종 그 결말을 의미하며, 모든 망명자들의 눈에는 가난과 박해로부터 멀리 떨어진 더 나은 삶의 희망을 상징한다. 팀 크레스웰의 말을 빌리면, 이민자들에게 프

랑스와 영국을 가르는 50킬로미터의 영불해협 횡단터널은 그들의 삶이라는, 평가할 수 없는 귀한 가치를 의미한다. 그러나 터널 입구에 도착한 사람들의 목숨은 여러 번 위험에 처한다.

시스템 장애

이 여행은 (그리고 그것이 만들어 내는 다양한 경험들)은 고장이나 사고(기술적 격차, 해협터널 폐쇄, 선로 장애물 충돌)를 이유로 가끔 놀라움을 선사한다. 이는 팀 크래스웰이 "시스템 난기류"라 부르는 것으로, 빠르게 달리던 여행자들을 갑자기 잊고 있던 지체, 심지어 정지 개념으로 회귀시킨다.

이 경우, 여행자는 물리적·물질적으로 우발적인 상황에 처하게 된다. 전기 공급 장애로 정차 중 멈춘 TGV 같은 유로스타는 30km/h로 주행하는 디젤기관차의 도움을 받아야만 구조될 수 있는데, 이 경우 '정상적인' 상용 속도보다 10배나 느리다. 같은 거리를 주행하는 데 10배나 더 많은 시간이 소요될 것이다. 다행히도, 디젤기관차가 전체 주행에 활용되는 적은 없다.

디젤기관차의 임무는 승객들이 기차를 갈아탈 수 있는 가장 가까운 역으로 기차를 데려가는 것이다. 초단속 이동성에 익숙해진 여행자들에게, 이 실패는 종종 충격

으로 다가온다. 그러나 새로운 정보통신기술이 이 상황에서 할 수 있는 일은 그리 많지 않다. 이때 이 지체 또는 정지 상태가 여행자들이 새로운 목적지로 가는 중이었는지 혹은 출발지로 돌아가는 길이었는지에 따라 다른 의미로 받아들여진다는 사실은 흥미롭다. 당일치기 회의에 참석하러 가는 길이었는지, 아니면 루와씨나 히드로공항으로 가서 열흘간의 유럽 체류를 마치고 아시아나 남아메리카로 돌아가는 길이었는지에 따라서도 다른 의미를 띤다. 유로스타 운영자가 아무리 역내 고정 고객들에게 차별화된 서비스를 제공한다 할지라도, 열차가 정차 중일 때에는 그들은 더 이상 모빌리티 엘리트라고 할 수 없다. 정체 상태는 차별 없이 모든 이들에게 적용된다.

기술 및 모빌리티: 경험적 감각

고속철도로 유럽 수도들 사이를 쉽게 이동할 수 있는 능력은 우리 사회와 공간의 관계를 변화시켰다. 하루 사이에 파리에서 브뤼셀로(1시간 20분) 이동하여 회의에 참석하고, 다시 유로스타를 타고 브뤼셀에서 런던으로(1시간 50분) 갔다가 저녁 기차로 파리로 돌아오는(2시간 15분) 승객들을 보는 것은 이제 놀라운 일이 아니다. 이러한 공간과 시간의 변화는 거주지 개념에 의문을 갖는 미셸 세르Michel Serres의 매혹적인 분석을 고무시켰다. 스마트폰이 등장한 이래, 전자우편 주소가 우편번호를 대체한 것처럼 초이동성이 전화번호를 대체하게 되었다.

나는 항상 같은 장소에서 만날 수 있습니다. 역설적으로 내가 있는 곳 어디서든 말이지요. … 뱅센에 사는 나는 RER A선으로 연결된 리옹역에서 그리 멀지 않은 곳에 있습니다. 북역의 플랫폼에서 환승만 하면 탈리스는 1시간 20분이 채 안 걸려 나를 브뤼셀로 데려다주고, TGV는 2시간 내에 리옹으로, 1시간 만에 릴로 데려다주지요. 유로스타를 타면 두 시간여 만에 런던으로 갑니다. 이제 내가 궁금한 것은 내가 뱅센에 살고 있는지, 아니면 파리 지역에 살고 있는지 하는 것입니다. 내가 가끔 말하듯이, 나는 파릴로브루 PaLyLoBru(파리, 리옹, 런던, 브뤼셀)에 살고 있습니다. 1시간, 2시간, 3시간이라는 소요 시간에 따라 새롭게 그려진 동그라미 선을 따라 이동할 수 있는 공간에 위치한 거대 도시군이라고 할 수 있지요. ⋯ 이렇게 나는 파릴로브루에 살고 있습니다. ⋯ 뱅센의 몽트뢰유가街라는 실제 주소와 휴대폰이나 인터넷 메일 주소로 수신한 모든 메시지들, 이제 이 두 개의 하드웨어가 나의 주소를 형성하고 있습니다.

휴대전화나 컴퓨터와 같은 장치들은 이제 어느 곳에서나 모든 정보에 접근할 수 있게 해 주지요 ⋯.

따라서 경험으로서의 이동성은 오늘날 제공되는 새로운 기술이나 개방되는 새로운 가능성에 의해 근본적으로 변화된다. 유로스타 철도사업은 승객 개인의 경험을 위해 유용한 정보를 맞춤화하려 하는데, 새로운 기술과 스마트폰, 태블릿과 같은 모바일 기기는 그 유동성을 통해 이러한 과업 수행의 핵심적인 역할을 수행하고 있다. 또한, 각 기기에 탑재된 위치추적 기능을 통해 유로스타의 전반적인 여행자 흐름 관리를 개선할 개별 솔루션도 모색되고 있다.

따라서 여행 경험은 새로운 서비스 덕분에 더 풍요로워진다. 애플리케이션을 실행하고 비밀번호를 입력할 필요 없이 스마트폰 화면에서 자동으로 승차권을 볼 수 있는 것보다 더 편리한 것이 있을까? 지오펜싱geofencing이라고 하는 지리적 위치추적에서 파생된 서비스 덕분에 이 기능이 실현 가능해졌다. 기차역의 지정된 경계선 내에 진입하는 즉시 승객의 표가 스마트폰 화면에 뜨는 것이다. 반대로, 체크인 종료 몇 분 전에 기차역의 제한 구역 내에 진입하지 않은 승객은 원래 타려던 기차를 놓친 것이 확실해진 시점 이후 출발하는 열차로 승차권을 교환하라는 메시지를 자동으로 받을 수 있을 것이다. 이 두 가지 단순한 예는 새로운 기술이 모빌리티 생산을 얼마나 변화시키고 개인들이 그것을 어떻게 활용할 수 있는지를 보여 준다. 이러한 도구들은 분명 현대적이지만, 이러한 기술과 도구의 사용은 스마트폰의 소유 여부에 좌우된다.

대량 맞춤화는 세련되지 못한 용어지만, 새로운 기술, 특히 저비용의 데이터 계산 및 보존 능력에 따라 가능해진 것들을 충분히 반영하고 있다. 고객의 프로필이나 티켓 가격과 상관없이 각 고객에게 맞춤 서비스를 제공할 수 있을까? 이 점진적인 민주화는 모빌리티 엘리트 전용으로 제공되는 새로운 독점 서비스가 아니다. 기술의 진보는 점차 보편화되고 있으며, 모두에게 제공되는 기본 서비스의 한 요소가 되고 있다. 우리 모두는 다른 새로운 것들, 엘리트들에게만 제공되던 혁신적인 것들이 동시에 등장하기를 기대한다.

자동차의 발전은 확실히 이러한 사이클의 가장 대표적인 예라고 할 수 있다. 에어컨과 자동 유리창, 후진 레이더 및 통합 GPS와 같은 혁신적인 장치들은 모두 출시될 당시 고급 차량에만 국한된 것이었으나 점차 보편화되었다. 고속철도 운송과 특히 유로스타의 기술 및 서비스 혁신도 마찬가지다. 오늘날 모빌리티 엘리트에게만 주어지는 것은 반드시 점진적으로 민주화될 것이다. 그간 점진적 민주화에 소요되었던 더딘 주기는 즉각적인 대규모 민주화에 기반한 새로운 비즈니스 모델이 출현함으로써 극복될 것이다. 예를 들어, 우버Uber가 제공하는 서비스는 최대한 많은 사람들이 접근할 수 있는 맞춤형 운전자 서비스가 아닌가? 이렇듯, 새로운 기술은 더 많은 사람들의 모빌리티에 영향을 미친다. '대량 개인화'는 대기 시간 및 여행 시간과 여행자 사이의 관계를 변화시키며, 기차를 타기 전 역에 도착하는 시간을 더 자유롭게 관리할 수 있도록 할 것이다. 모든 운송 수단에 대한 실시간 정보는 이러한 유동성 탐구를 가장 정확하게 가능하게 하고 장려하며, 따라서 이동 시간을 더욱 최적화할 개별화된 행동을 유도한다.

> '대량 개인화'는 대기 시간 및 여행 시간과 여행자 사이의 관계를 변화시킨다.

이상적으로, 이러한 새로운 모빌리티 생산은 여행객들의 프로필과 요구에 따라 실시간으로 적용되도록 새로운 역내 디지털 신호 전달 수단을 동반해야 한다. 인터넷 및 모바일 광고 시장은 이러한 대규모 맞춤화 원칙에 기반을 두고 있다. 만약 운송 사업자와 인프라 관리자가 각각의 고객들을 안내하고 서비스할 똑같은 원칙을 채택할 수 있다면, 모바일 생산은 새로운 단계에 접어들 것이다.

가까운 시일 내에 이루어질 유로스타의 다음 혁신은 국경에 자동 출입국 통제를 도입하는 것이다. 관련 기술은 이미 존재하며, 세계 각지의 몇몇 공항에서 이미 자동제어를 대규모로 수행하고 있지만, 우리가 살펴본 것처럼 이런 협소한 공간에서 시행된 적은 없다. 유럽 정부가 직면한 예산 제약은 더 많은 출입국관리자들을 고용할 수 있는 가능성을 제한한다. 교통량이 급증하고, 특히 이민과 보안 관련한 여행객들의 신속성과 단순함에 대한 요구가 날로 커지고 있는데도 말이다. 따라서 생체학적 여권을 활용한 자동화된 제어 시스템을 구축해야 한다. 향후 2년 내로, 유럽 EuLISA가 출시한 스마트 보더Smart Borders 프로그램은 유럽연합 내의 새로운 이동성 생산에 필수적으로 기여할 만한 새로운 국경통제 틀을 수립하게 될 것이다.

가령 파리북역에서 제시할 수 있는 이 문제에 대한 기술적 이상은, 무역통제(등록 또는 체크인)와 셍겐 지역 출입에 대한 소위 쌍방향 이민 통제를 하나의 자동 관문으로 결합하는 것이다. 그렇게 되면 "통행증"을 소유한 여행자는 자동 심사실의 문이 열리는 것을 보게 될 것이다. 오늘은 그 통행증이 승차권을 의미하지만, 내일이면 여권이나 신분증이 될 것이고, 모레는 생체 지문이 될지 누가 알겠는가? 여행자가 자동 심사실로 들어가면, 생체인식과 신분 확인이 동시에 수행되어 출입국 검사가 이루어지고, 검사가 끝나면 출구 방향의 문이 열린다. 이 시나리오는 오늘날 실현 가능할 뿐만 아니라 앞서 언급한 예산 문제 해결에도 필수적이다. 이러한 시나리오의 시행은 역내 장소 점유의 전복을 야기하는 동시에 승객들의 편의성을 대폭 향상시킬 것이다. 국경은 여전히 존재하지만, 국경을 넘기 위해 각자가 부담해야 하는 통제는 더 이상 여행자의 이동을 방해하지 않을 것이다.

결국, 새로운 기술과 모바일 혁명은 문자 그대로 여행자들과 시공간의 관계를 변화시킨다. 결과적으로, 여행자들의 모든 경험은 근본적으로 바뀌었다. 이는 운송 사업자들이 그들의 서비스와 통신 방식, 서비스의 생산과 실현을 가능하게 하는 내부

새로운 기술과 모바일 혁명은 문자 그대로 여행자들과 시공간의 관계를 변화시킨다.

프로세스를 재고해야 한다는 것을 의미한다. 입법 및 규제 틀의 진화 외에도, 공간의 물리적 제약 조건은 우리의 모빌리티가 근본적으로 진화하는 것을 제한한다. 뿐만 아니라 인간 조직과 개인이 그들의 일상생활에서 일어나는 변화를 통합할 수 있는 능력 역시 이에 영향을 미친다. 우리가 A지점에서 B지점까지 물리적으로 이동하는 데 계속 흥미를 느끼고 순간이동이 존재하지 않는 한, 우리는 계속 실제 세계의 물리적 우발성에 직면하게 될 것이다.

04

교차된 시선

팀 크레스웰 · 미카엘 르마르샹

경유 공간 : 민주적 이상과 경제적 제약, 개인화된
서비스, 대중교통, 안보와 인도주의적 문제 사이에서

팀 크레스웰과 미카엘 르마르샹의 대담은 2015년 4월 화상회의로 이루어졌다. 그 덕분에 **팀 크레스웰**은 미국 보스턴 자택에 머물 수 있었고, **미카엘 르마르샹**은 파리북역이라는 경유 공간을 거쳐 일 드 프랑스 생 드니에 위치한 모바일 라이프 포럼 사무실로 올 수 있었다.

대담을 나누기 전 그들은 상대방의 글을 미리 읽어 보았고, 제랄딘 레이가 골라 찍은 다양한 이미지들을 살펴보았다.

대담의 질을 높이기 위해 영어로 진행된 이들의 구두 대화 스타일을 유지하고자 했음을 밝힌다.

↓　서로의 글을 읽어 보고 나서 운송 공간 내 이동성 생산을 바라보는 관점이 좀 변했습니까?

 팀 크레스웰 북역, 더 나아가 유로스타를 둘러싼 교통 공간의 조직 및 미시지리학에 관한 세부 정보를 담고 있는 미카엘의 글은 매우 훌륭합니다. 이 모든 것에 대해 그렇게 잘 알지 못했지만, 미카엘의 글을 통해 운송 공간 내에서 이동성 관리 및 생산 면에서 이동성 계획자가 직면한 많은 제약에 대해 인식하게 되었습니다. 먼저, 영구적인 유로스타 정거장을 프랑스 전역에 마련할 수 있는지 여부를 정의하는 정치경제적 존재와 그에 따라 등장한 임시역이라고 하는 상당히 흥미로운 발상[1]이나, 영국이 거절한 솅겐협정과 같은 법률의 영향과 그것이 야기하는 문제(어떤 하나가 변해야 한다면 나머지 모두 변해야 하는 상황), 사람과 열차 보안 기술과 그 가능성이 지닌 가치 같은 것들 말이지요.

미카엘 르마르샹 팀의 글을 읽고 승객들의 모빌리티를 바라보는 저의 관점을 변화시킬 수 있었으며, 동시에 우리가 모빌리티를 생산하고 제공하는 방식에 대한 생각도 바뀌게 되었습니다. 저는 팀이 복잡한 이론적 개념 대신에 직접적인 언어를 사용하는 것에 정말 놀랐습니다. 팀은 정말로 우리가 매일매일 경험하는 바를 완벽하게 요약하는 단어들을 사용합니다. 물론 가끔씩은 같은 단어를 사용하죠. 몇 년 전, 유로스타에는 "A에서 B까지"라는 내부 규정서가 있었습니다. 딤은 마케팅 담당이나 내부 경영인들이 사용할 법한 용어들에 대해 더 높은 수준의 개념화와 이론화를 제공하며, 이는 우리가 무엇을 하고 있는지를 더 잘 이해하게 합니다. 전문가의 입장에서, 우리는 일종의 돌이킬 수 없는 상황에 빠져 있다고 할 수 있습니다. 바퀴를 더 빨리 돌리려고 노력하면서, 우리는 우리가 무엇을 하고 있는지 보지 못한 채 햄스터처럼 달리고 있습니다. 팀은 우리가 매일 함께 하는 것을 강조하면서 우리가 현재 하고 있는 일을 다르게 보도록 도와줍니다. 그의 연구는 우리 생활의 일부 측면을 특히 강조하면서 우리 생각의 범위를 넓혀 줍니다.

---

1 152쪽을 보라.

이번 작업을 통해 앞으로 어떤 주제를 새롭게 다루고 싶어졌는지 궁금합니다.

 팀 크레스웰 저는 분리를 비유한 멸균상태[2]라는 개념이 흥미롭게 다가왔습니다. 모빌리티에는 일종의 영토적 상호작용이 존재합니다. 우리는 종종 영토와 모빌리티가 서로 역행하고, 영토는 국경과 함께 고정된 것이며, 모빌리티는 국경을 넘나드는 것이라고 생각합니다. 따라서 모빌리티를 '무균 공간'으로 생각하는 것은 지리적 모빌리티의 흥미로운 예를 제공합니다. 이는 체계에 대한 비유로서 그 반대는 감염이나 전염임을 암시합니다. 여기에는 마약과 금지된 물질, 폭탄, 사람 등 거기에 있으면 안 되는 존재들에 대한 문제가 포함됩니다. 이러한 문제들을 모빌리티 문제와 지속적으로 연계시킨다면 흥미로울 것 같습니다.

미카엘 르마르샹 그렇게 보면, 모빌리티는 해당 공간이나 영토에 어떤 외국인도 들어가지 못하도록 하여 멸균상태를 보장했다고 할 수 있습니다. 생산공정의 관점에서 볼 때, 열차가 움직이는 것은 그 공간이 여전히 멸균상태임을 의미합니다. 이는 실제 우리 일상에 통합된, 분석할 만한 가치가 있는 과정이지요.

---

2 148쪽을 보라.

더 확장된 맥락에서, 당신(팀)이 미카엘의 글에서 발견한 바들이
당신의 연구에 어떤 변화를 줄 수 있다고 생각하세요?

팀 크레스웰 저는 미카엘과 같은 전문가들의 참여가 매우 중요하다고 생각합니다. 하지만 전문가들이 항상 문을 열어 주는 것은 아닙니다. 특히 복잡한 교통구조 관리 같은 문제에 저 같은 사람이 참여하기는 쉽지 않습니다. 저의 경우에도 그랬지만, 여기에도 일종의 멸균 문제 같은 것이 있습니다. 연구자로서 스히폴공항에 들어갔을 때, 저는 거기서 다소 의심스러운 존재가 됐습니다. 이동 패턴을 이해하려고 하기 때문입니다. 그리고 이는 보안과 감시의 문제를 야기하지요. 저 같은 사람은 모든 것을 불순한 의도를 가지고 이론적으로 분석할 테니까요. 특히 9월 11일(2001년) 이후 보안 문제는 연구자들의 과제를 더욱 어렵게 하는 요소가 되었습니다. 스히폴공항의 특정 공간에 접근해서 이 책에 실을 사진을 촬영하는 것부터 쉽지 않았다고 알고 있습니다. 이 역시 멸균 과정의 일부입니다. 항공권 소지자와 공인된 작업자만이 탑승 구역에 접근할 수 있도록 보장됩니다. 다른 이들은 모두 순수하지 못한 복합적인 존재로 여겨지죠. 연구자들과 사진작가들 역시 마찬가지고요.

미카엘, 팀과 함께 프로젝트를 하는 것을
구상해 볼 수 있으신지요?

미카엘 르마르샹 정말 흥미로운 제안입니다! 특히, 팀이 모빌리티 실천, 신체적인 표현, 그리고 그것이 어떻게 느껴

지는지를 이야기하거나, 팀의 연구가 우리의 일상생활을 얼마나 반영하는지를 다시 한 번 생각해 보면 놀라울 따름입니다. 우리는 고객의 기대치를 이해하고, 마케팅적인 목표 아래 적절한 순간에 올바른 음조로 적당한 단어들을 구사함으로써 고객의 기대치를 충족시켜 그들이 만족스러운 경험을 하고 다시 우리의 서비스를 찾아 주기를 바랍니다.

저는 팀 같은 학자가 제가 속한 세계에 침투하여 비판적인 시각을 제기해 주는 것이 저 같은 전문가에게 오히려 이득이라고 생각합니다. 우리는 파리북역과 관련한 대규모 프로젝트에 참여하고 있습니다. 일종의 확장 사업이자 재개발 프로젝트인데, 현재 공간이 부족한 데다, 향후 몇 년간 예상되는 승객 증가를 소화하기에는 지금의 터미널이 매우 제한적임을 알고 있기 때문입니다. 특히 올해 말부터는 좌석이 20퍼센트 늘어난 새 열차가 운행되기 때문에 러시아워의 혼잡도가 더욱 가중될 것입니다. 그럼 어떻게 해야 할까요?

두 가지 해결책이 있습니다. a) 기존 공간의 흐름을 개선하여 더 잘 관리하는 방법이 있고, b) 더 많은 출입국 및 보안 통제 지점을 구축하고 복층 구조를 확대하여 흐름을 개선하는 방안이 있습니다. 현재 상황에서는 공간을 절약하고 더 잘 이용하기 위해, 비즈니스 라운지를 다른 터미널로 이동시킬 계획입니다.

팀, 당신의 질문에 대한 구체적인 대답을 하자면, 좋습니다. 프로젝트 기획서를 보여 드려 그 내용을 당신과 공유하고, 우리의 선택에 대해 설명하고 싶습니다. 그 후에 당신의 비판적인 의견을 들어 보고 싶군요.

 팀 크레스웰 그런데 미카엘 당신은 북역 내의 한정된 공간에 대해 말하고 있지만, 특별히 설계된 비즈니스 고객용 공간은 비어 있지 않습니까? 그 공간을 이용하면 일반 고객들을 위한 공간이 생기지 않을까요? 사진 속 대기줄을 봐도, 한쪽에는 촘촘히 줄을 서 있지만, 다른 쪽에는 사람이 거의 없다시피합니다. 이는 스히폴공항의 프리미엄 라인도 마찬가지입니다. 프리미엄 고객 전용 공간도 거의 비어 있습니다.

미카엘 르마르샹 파리에서는 표를 등록하는 경우를 제외하고는 비즈니스 프리미어 고객 전용 서비스는 없기 때문에, 언급하신 대기줄의 경우는 완전히 사실이라고 할 수 없습니다. 우리는 추가 비용을 지불한 고객들이 특별한 서비스를 받는다는 느낌을 주려고 노력하고 있지만, 체크인 후 특별히 예약된 대기줄은 없습니다. 여기에는 두 가지 이유가 있습니다. 첫 번째는 우리에게 그럴 자격이 없다는 것입니다. 이민관리국 직원들은 "우리는 특권층 시민이 아니라 일반 시민을 상대하기 때문에 특권층 고객들을 위한 대기줄을 따로 예약할 수 없다"고 말합니다. 또한, 그들은 여러 직원들이 한 줄로 늘어서서 몹시 바쁘게 일하기 때문에, 비즈니스 고객 담당 직원만 한가하다면 문제가 생길 것입니다. 그들의 관심사는 저와 마찬가지로 전반적인 흐름을 최적의 상태로 관리하는 것입니다. 물론 비즈니스 고객을 위한 대기줄을 별도로 구축하자고 제안하기는 했습니다. 실제로, 비즈니스 고객은 더 빨리 이동할 수 있습니다. 그러나 주요 비즈니스 고객이 없으면 직원 활동의 균형을 유지하기 위해 "표준" 고객을 이 줄로 분산합니다.

팀 크레스웰 흥미롭군요. 하지만 반대편에는 항상 특별한 혜택을 주는 대기실이 있지요. 어쨌든, 아주 현명한 해결책을 찾은 것 같군요.

미카엘 르마르샹 그들의 제약 조건과 이의 사항, 그리고 우리의 제약 조건과 이의 사항 사이에서 타협점을 찾아냈으니, 공동의 해결책이었다고 할 수 있겠지요.

> 두 분은 제랄딘 레이의 사진을 보고 어떻게 느끼셨나요? 이 사진들이 두 장소에 대한 두 분의 인식과 분석에 부합했습니까?

 팀 크레스웰 멋진 사진이라고 생각합니다. 이 장소들에 대한 생각을 자극하는 사진들이지요. 대부분의 경우, 사진들은 제가 이 공간들에 대해 보는 관점을 확증해 줍니다. 이 관점을 잘 포착하고 있는 이미지들이라서, 단어가 표현할 수 있는 것보다 낫다고 생각합니다. 모빌리티의 이미지, 달리는 사람, 분리된 줄, 사람들이 다른 줄을 만들기 위해 이동할 때 서로 멀어지는 방식…. 이 사진들을 보며 저는 사람들의 다양성과 출신에 대해 생각했습니다. 다른 사람들도 사진 속 사람들의 머릿속에 무엇이 들어 있는지, 그들이 누구인지, 그들이 무엇을 생각하는지 상상할 수 있을 겁니다.

미카엘 르마르샹 저 역시 팀의 의견에 동의합니다. 사진은 우리가 알고 있는 것을 고정하거나 포착하지만, 우리는 이렇게 충격적인 방식으로 바라본 적이 없지요. 저는 이 사진들을 보며 떠오르는 단어가 있었습니다. 저는 우리가 사람들을 하나의 흐름으로 만드는 공간을 보고 충격을 받았습니다. 어떤 의미에서, 우리는 그들이 완전히 자유롭지 않다는 것을 알 수 있습니다. 우리는 이용객들이 각자의 목적에 맞는 흐름 관리가 최적화될 수 있는 가장 적합한 위치로 이동하기를 원합니다. 흐름은 모든 곳에서 관찰할 수 있습니다. 그러나 동시에, 이 사진들은 모빌리티가 사람의 일부라는 사실을 강조합니다. 말장난처럼 들리겠지만, 어디에서나 볼 수 있는 흔들리는 얼굴들은 감동적이고, 우리의 마음을 흔듭니다.

 팀 크레스웰 미카엘, 당신의 글에서 기차가 사람들의 마음 속 자유와 관련되어 있다고 한 구절이 본 것 같아요. 저는 항상 기차가 자유로운 공간이 아니라고 생각해 왔기 때문에 놀라웠습니다. 사람들은 보통 대중교통에 대해 불평을 하는데, 기본적으로 자가용 같은 자유로운 교통수단이 아니기 때문이죠. 기차는 항상 내가 지켜야 하는 스케줄에 따라 다른 사람들 사이에 나를 앉히는 공간입니다. 이와 관련해, 레이의 사진은 두 가지 측면을 보여 준다고 생각합니다. 당신이 이야기한 자유로운 분위기를 보여 주는 독립적인 사람들의 모습과, 걱정스러운 얼굴을 한 사람들의 모습이지요. 그런데 이런 걱정은 새로운 것이 아닙니다. 19세기에 철도가 등장했을 때 사람들은 군중을 두려워했고, 의사들은 철도가 사람들을 아프게 한다고 썼습니다. 무성영화를 포함한 당시의 많은 이미지들은 길을 잃고 헤매는 군중들의 모습을 보여 줍니다. 저는 제랄딘 레이가 찍은 사진들이 개인들을 매우 아름다운 방식으로 이 군중으로부터 구한다고 생각합니다. 때로 카메라에 시선을 고정시킨 얼굴이나, 빛 속에서 떠오르는 얼굴들도 있지요. 제게 가장 큰 감동을 준 사진은, 표지판을 보고 있는 정지한 사람이나, 조명이 켜진 공간에서 움직이고 있는 사람들의 모습입니다.

미카엘 르마르샹 다시 한 번 말하지만, 팀이 개인과 군중에 대해 이야기한 것은 우리의 일상생활과 완벽하게 일치합니다. 유로스타는 유럽 최고의 여행 경험을 제공하는 것을 목표로

하죠. 이는 우리가 개별 고객들과 감성적으로 접촉해야 하며, 사람들의 전반적인 유동성을 보장해야 한다는 것을 의미합니다. 전체적인 유동성이 없다면, 모든 사람이 고통 받을 것입니다. 가장 붐비는 시간대에, 우리는 한 시간 안에 2천 명의 여행객을 맞이하고 그들에게 서비스를 제공해야 합니다. 이것은 실행적이고 감정적인 도전입니다. 한편으로는 2천 명의 사람들이 군중을 이루어 모여 있고, 다른 한편으로는 2천 명의 개인들이 각자 특별한 것을 기다리고 있는 것입니다. 군중들을 관리하고 개인에게 봉사하는 것 사이의 모순과 균형을 볼 수 있지요.

↓ **팀, 당신은 많은 수하물이 보이는 사진들에 흠뻑 빠져 있는 것 같았어요.**

 팀 크레스웰 수하물… 저는 이동 수단의 수하물 문제에 대해 진지하게 생각해 본 적이 없습니다. 그러나 그것들은 공항이나 기차역의 중요한 요소들이지요. 이 사진에는 가방과 여행 가방이 너무 많아요! 수하물을 넣을 수 있는 공간이 별도로 마련되어 있는 비즈니스석 전용 대기실이 있기는 하지만, 대부분의 사람들은 각자의 짐을 가지고 신경전을 벌이는 것을 알 수 있습니다. 정말 놀랐어요. 여기서 한 가지 사실에 대해 깊이 생각하게 되었습니다.

미카엘 르마르샹 맞습니다. 사실, 현장에서 보면 이건 진짜 맞추기 어려운 퍼즐이에요. 누가 바퀴 달린 가방을 발명했는지는 모르지만, 그 사람은 세계를 바꾸었고, 특히 유로스타 같은 사업자들의 삶을 바꿨습니다. 가방이 굴러가는 순간부터, 당신은 그 무게에 관계없이 쉽게 이동할 수 있습니다. 그러다가 계단을 오르거나 기차에 탈 때 비로소 가방의 무게를 인식하게 되지요. 짐을 객차로 들어올리는 데만도 많은 조력자가 필요하기 때문에, 가방의 취급은 승객이나 저희에게 주요 과제가 되었습니다. 보시다시피, 이 기발한 발명은 운영자 입장에서는 악몽이기도 합니다. 어떤 면에서, 상호 운용에 대한 제약들을 유지하면서 전 세계 물류에 혁명을 일으킨 컨테이너와 같다고 할 수 있지요.

> 팀, 당신은 파리북역과 스히폴공항에서 생산하는 모빌리티 경험에 어떠한 차이점과 유사점이 있다고 생각합니까?

 팀 크레스웰 사진에서 볼 수 있듯이, 스히폴공항이 더 넓다는 것은 명백합니다. 약 50만 제곱미터의 북역과 달리, 공항 건물은 기차역보다 훨씬 조용한 공간처럼 보여요. 기차역은 항상 붐비는 장소처럼 보입니다. 북역에 대한 제 기억도 혼잡한 장소라는 것입니다. 관련 수치도 스히폴공항에서보다 북역에서 매일같이 더 많은 사람들이 교차한다는 사실을 입증해 줍니다. 그러나, 이 두 공간 사이에는 비즈니스 고객 및 이코노미 고객 관리 프로세스와 같은 유사성이 존재합니다. 원래 북역은 착공 당시 독점적인 형태의 여행을 표방했기 때문에, 영불해협 터널이 아직 공사 중이었을 때에는 마치 공항처럼 보였습니다. 그러나 공항은 이제 특이점이 덜한 공간으로 나타나고 있습니다. 항공 여행을 자주 하는 사람들에게는 솔직히 즐거움의 공간이 아니죠. 특히 안전 검증을 통과할 때면 공항은 스트레스와 불안의 장소가 되지요. 모든 사람들이 보안 절차를 싫어합니다. 이렇듯 항공 여행의 긍정적인 이미지가 사라졌기 때문에, 기차

역이 더 이상 공항과의 차이를 탐구해서는 안 된다고 생각합니다.
유로스타 역시 보안 검사가 존재하지만, 공항과 비교했을 때 기차역
의 장점은 역시 시내 중심가 근처에 있다는 것입니다.

 미카엘 르마르샹 당신의 말을 들으니 실제로 항공사와 경쟁하려고 했던 유로스타의 첫 번째 광고 캠페인이 떠오르는군요. "유로스타 비행Fly Eurostar"이라는 슬로건이었죠. 항공사를 의식한 시장점유율 경쟁 의지가 있었다는 것을 알 수 있습니다.
하지만 이제는 팀의 말이 맞습니다. 우리는 정말로 공항이 아닌 다른 공간이 되고 싶어요. 특히 우리 회사에 비해 공항에서의 규제와 제약들이 더 무겁기 때문에 항공사와 차별화되기를 바랍니다. 예를 들어, 유로스타 터미널 제어 프로세스의 목적은 터널을 파손으로부터 보호하는 것이기 때문에 승객들이 신발이나 옷, 벨트를 제거할 필요가 없습니다. 우리의 보안 제약 조건은 그렇게 엄격하지 않습니다. 반면, 우리가 제공하는 경험이 일반 기차역과 같지 않은 것도 사실입니다. 우리는 우리의 승객 중 거의 40퍼센트가 이곳에 처음 왔다는 것을 알고 있습니다. 그들은 기차역에서 공항에서와 같은 경험을 하는 것에 놀라는 반응을 보입니다. 이것이 우리 공간의 특징 중 하나이며, 여행자들에게 확실히 더 잘 설명해야 할 점들이지요.

> ↓ **미카엘, 당신은 북역과 스히폴공항 사이에 다른 차이점이나 유사점을 발견했나요?**

 미카엘 르마르샹 제 생각에는 중요한 차이점이 두 가지 더 있습니다. 가장 큰 차이는, 주로 여행자들이 비행기를 타

기 전에 공항에서 보내는 시간을 기반으로 하는 공항의 사업적 개념에서 비롯됩니다. 공항은 여행객들이 상점이나 식당을 갈 수 있도록 설계되었고, 이 공간들에서 여행객들은 휴식을 취하기도 하고 돈을 쓰기도 하지요.

반면에, 기차역에는 공간이 부족해요. 공간을 늘리기 위해 더 많은 돈을 투자하더라도, 너무 많은 사람들이 지나다니기 때문에 이 상황은 결코 나아지지 않을 것입니다.

역에서는 사람들의 순환이 최적으로 이루어지도록 그들이 너무 오래 머무르지 않도록 해야 합니다. 나는 이것이 공항과 기차역, 특히 스히폴공항과 파리북역 간의 근본적인 경제적 차이라고 생각합니다. 게다가, 역사驛舍 공간이 극도로 제한적이기 때문에 출발 지점에서 플랫폼을 확장시켜 상업 서비스를 제공할 공간을 마련하고자 합니다. 두 번째 차이점은, 사진에서 잘 드러나듯이 공항은 국제적인 장소라는 점입니다. 전 세계 사람이 다 모여들기 때문에, 공항에서는 기차역에 있는 것과는 아주 다르게 느낍니다. 유니폼을 입은 사람들도 볼 수 있지요. 놀라운 경험입니다.

 팀, 당신은 두 공간 사이에 신호 관리라는 또 다른 큰 차이가 있다고 지적하지 않았습니까?

 팀 크레스웰 신호들이 흐릿해 보이는 북역에는 분명히 스히폴공항과 같은 가시성이 존재하지 않습니다. 한편으로, 공간이 더 작기 때문에 역내에 공항식 신호가 필요할지는 확신할 수 없습니다. 공항에서는 탑승장에 도착하는 데 20분이 걸릴 수 있는 만큼, 승객들이 올바른 방향을 찾게 하는 것이 주된 목표입니다. 그

러나, 역에서는 공간이 그렇게 넓지 않기 때문에 이러한 방향 표시 체계의 중요성이 다소 떨어지죠. 문제는, 기차역의 신호 체계가 도시의 신호 체계와 더 유사하고 더 다양하며 문자에 더 많이 의존함으로써, 가시성과 효율성을 크게 상실한다는 것입니다.

스히폴공항에서는 영어 외의 언어가 금지되었고, 영어조차도 간결하게만 사용되므로 승객들 눈에는 그림과 기호만 보입니다. 이미지나 기호를 통해 원하는 정보를 얻을 수 있다면, 방향은 쉽게 찾을 수 있지요. 이 신호 체계를 만든 폴 마익세나아[3]는 모든 것이 변동되는 장치에 불과하다고 이야기합니다. 신호 체계는 거의 사라지고, 두 번째 단계로 다시 전달됩니다.

---

3 94 쪽을 보라.

북역 사진을 보면 신호 체계가 매우 다르게 작동한다는 것을 알 수
있습니다. 문자 메시지가 더 많아지고 파란색과 흰색의 픽토그램은
상당히 은밀하게 나타납니다. 이것은 승객들에게 "저기로 가세요"
라고 말하는 밝은 물체가 아닙니다. 스히폴공항에서와는 다르지요.
북역의 신호 체계는 유로스타 전용 구역이 아닌 RER 구역에 있습
니다. 정말 최악이에요. 승객이 길을 찾는 데 아무 도움이 되지 않아
요. 사실 모든 대중교통 공간에서 그렇듯이, 북역 지하에서 길을 찾
기란 어려운 일입니다.

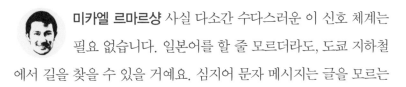

미카엘 르마르샹 사실 다소간 수다스러운 이 신호 체계는
필요 없습니다. 일본어를 할 줄 모르더라도, 도쿄 지하철
에서 길을 찾을 수 있을 거예요. 심지어 문자 메시지는 글을 모르는

사람도 길을 찾을 수 있도록 설계되었습니다. 기차와 역에 일관된 색 코드가 있고, 기차 이름과 역들은 숫자로 표시됩니다.

그리하여 녹색 노선을 타고 다섯 번째 역에서 내리면 됩니다. 많은 사람들이 '야마노테 라인Yamanote line'이라는 명칭보다 이 체계를 더 쉽게 이해합니다. 따라서 모든 사람이 이해할 수 있는 신호를 설계할 수 있지요.

북역과 스히폴공항의 또 다른 차이점은, 항공사는 처음부터 세계를 대상으로 설계된다는 점입니다. 항공사는 다른 언어를 사용하는 전세계 도시들을 항공편으로 연결해야 합니다. 반대로, 철도는 국경과 국토 보호를 기반으로 설계되었죠. 국경을 통과할 때 '상호운용성'이라는 관점에서 문제를 일으킵니다. 본질적으로, 항공산업은 처음부터 '상호운용 가능한' 것으로 생각되었습니다. 내가 남아메리카에 있든, 아시아 또는 프랑스 공항에 있든지 간에 공항은 거의 동일한 환경이며, 공통 언어로 신호를 전달합니다.

유엔 등 많은 사람들이 모빌리티를 모든 사람의 기본 권리라고 생각합니다. 그러나 사진도 보여 주듯이, 당신의 글은 스히폴공항이나 북역에 다른 이동 수단도 많다는 것을 보여 줍니다. 학자 및 전문가로서, 당신은 이러한 공간에서 창출된 수많은 활동들과 경험을 어떻게 생각하십니까? 우리가 특정한 모빌리티 권리를 정의 내릴 수 있을까요?

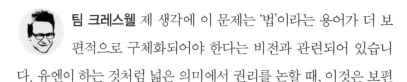

팀 크레스웰 제 생각에 이 문제는 '법'이라는 용어가 더 보편적으로 구체화되어야 한다는 비전과 관련되어 있습니다. 유엔이 하는 것처럼 넓은 의미에서 권리를 논할 때, 이것은 보편

적인 권리를 의미합니다. 실제로, 특히 공항이나 역과 같은 이동 현장에서의 상황을 보면 현실은 훨씬 더 복잡하다는 것을 알 수 있습니다. 우리는 사람들이 다른 방식으로 움직이고 모빌리티를 각기 다른 식으로 경험한다는 것을 알고 있습니다. 그것은 사실 "시민"이라는 개념이 진화한 것과 관련 있습니다. 프랑스와 영국은 시민권을 개인의 권리와 의무가 있는 영토에 속하는 것으로 인식했다는 점에서 선구자라고 할 수 있습니다. 하지만 최근에는 유럽 시민, 심지어 세계 시민이라는 아이디어가 탄생했지요.

즉, 모빌리티가 시민권의 정의를 바꾸게 된 것입니다. 더 이상 시민권은 특정 장소에 있는 것이 아니라, 공간 안에서 움직일 수 있고 국경을 자유롭게 건널 수 있는 것이 되었지요. 모빌리티와 교통 공간 논쟁과 더불어 최근에 우리가 목격하게 된 것은, 시민권 개념과 보안 및 감시 시스템, 그리고 자본주의 사회의 전반적 마케팅과 관련된 시스템과의 연결입니다. 시민권 전문가들은 다음과 같은 질문을 던집니다. 어떻게 이런 것들이 보편적이라고 여겨지는 것들을 침해할 수 있을까? 예를 들어, 미국에서는 종종 경찰의 체포나 수색 관행으로 유색인의 모빌리티가 방해받습니다. 만약 모빌리티가 시민권의 한 측면이라면, 우리가 모두 동등하지는 않다는 것은 분명합니다.

스히폴공항과 파리북역과 같은 교통 공간에서 시민으로서 다양한 경험이 구축되는 것을 목격하고 있습니다.

(2001년) 9월 11일 이후, 보안 및 감시 시스템은 수익 최적화를 목적으로 하는 마케팅 법칙에 따라 규정되기 시작했습니다. 그것은 가변적인 기하학의 세계에 놓이게 된 시민권 개념을 마주한 개인들 간의 분열을 더욱 심화시켰습니다. 특히 눈에 띄는 예가 어떤 사람은 "1등석" 여행자로, 다른 사람은 "일반" 또는 "경제적" 여행자로 불리게 된 것입니다. 일부 사람들이 더 빠른 보안 검사를 위해 생체측정 데

이터를 사용하는 것 역시 처리 과정의 차이를 초래합니다. 만약 안전이 시민을 보호하는 것이라면, 그것은 적어도 기술적 측면에서 모두에게 동일하게 적용되도록 만들어진 것입니다. 우리가 경유 공간에 대해 이야기하지 않았다면 그것은 당연한 것으로 여겨졌을 것입니다. 오직 경유 공간에서만 안전이 이익과 상업화 담론과 연결됩니다. 내가 재정적으로 안정된 믿을 만한 여행자로 간주되면 감시를 덜 받게 됩니다. 내 조건들이 내가 받아야 할 검사들을 결정하게 되는 것이지요.

> ↓ **정말 걱정해야 하나요?**
> **피할 수 없는 일 아닌가요?**

 팀 크레스웰 제가 우려하는 것은 모빌리티 관리 결과 개인들 간의 차별화가 단말기 내부의 속도 조절뿐 아니라, 개별 여행자의 개인화, 수익 측면에서 점점 더 많은 고려를 하게 만들고, 안전 보장과 연계된다는 것입니다. 공공공간이 침식되어 가는 걱정스러운 현상을 목격하고 있는 것 같습니다. 모든 사람들이 평등하게 들어갔던 곳이 마케팅적 모델이 되면서 평등은 모호해집니다. 미카엘, 당신이 당신 고객들에 대해 얼마나 자세히 알고 있는지, 그것은 당신만이 알려 줄 수 있는 비밀이겠죠.

우리는 휴대폰을 사용하거나 인터넷에 접속할 때마다 여러 가지 일에 연결되어 있다는 것을 의식할 수 있습니다. 예를 들어, 인터넷에 접속하여 특정 제품을 검색하면 해당 제품 광고가 나타날 수 있지요. 그것은 보안 감시와 모빌리티와도 관련이 있고, 세부적인 사항은 모르지만, 북역에서도 이 부분은 충분히 추정하고 있을 것입니다. 왜냐하면 이제 이 공간은 차별이 이루어지는 곳이고, 따라서 개인의 가능성이 제한되는 곳이기 때문입니다.

 미카엘 르마르샹 개인적으로, 저는 이 무상 인터넷 제도에 찬성하지 않습니다. 보안 감시 관련 데이터가 상업적으로 회수될 수 있다는 것은 사실 상당히 우려스러운 결과입니다. 이는 우리가 인터넷 검색을 시작하고 웹서핑을 할 때나 밖에서 핸드폰을 켤 때, 보안 감시 문제를 비롯하여 우리가 검색한 정보를 가지고 무엇을 하는가 하는 문제와도 연결됩니다.

전문가의 관점에서 개인화 문제가 통제 관리에 미칠 수 있는 영향은 정말 흥미롭습니다. 만약 제가 개인의 프로필과 각각의 위험 추정치에 따라 통제 수준을 향상시키기 시작하면 어떻게 될까요? 예를 들어, 아이를 동반한 여성들은 덜 통제하기로 결정할 수 있을까요? 위험 기준에 따라 보안 통제 프로세스를 적용해야 할까요? 이것은 사실 권리의 평등, 시민권, 그리고 법적 평등에 관한 문제들과 관련되어 있습니다. 주어진 공간이 부족한 상황에서, 이것은 장비의 용량 증가 문제와 직접 관련된 철학적이고 정치적인 문제이기도 합니다. '우선시되는' 프로필을 비롯하여 기업이 공개적으로든 아니든 특정 인물에 대해 알고 있는 정보들로 인해 모빌리티는 촉진되거나 방해될 것이며, 이는 물론, 당신이 방금 말한 것처럼 엄청난 결과를 초래할 것입니다.

↓ **관련 컴퓨터 프로그램은 승객의 편의성, 여행객의 흐름 및 교통 관리를 향상시키기 위해 개발되었지만, 팀이 이야기한 개념대로 교통체증이나 혼란에 더 취약한 경유 공간을 만들게 되지 않을까**

팀 크레스웰 저는 교통과 모빌리티의 전체적인 역사는 다양한 형태의 엔진, '적합하지 않은' 모빌리티 개념과 분리될 수 없다고 생각합니다. 혼란과 난관에 적응하여 새로운 형태의 교통이 생겨나고, 그것들을 한 방향으로 유도하려고 하면, 반드시 새로운 교통수단이 또 등장합니다. 기차의 역사를 예로 들어 봅시다. 앞서 말씀 드렸듯이, 철도와 역은 처음에는 불안과 관련이 있었습니다. 그 당시 사람들은 시속 50킬로미터를 넘으면 심장병이 생긴다고 믿었고, 철도교통이 매춘을 장려할 것이라는 우려도 있었지요. 사회계층이 서로 섞일까 봐 두려웠던 것입니다. 이 모든 것은 이제 잊혔습니다. 하지만 이제 우리는 새로운 범죄, 소매치기, 테러범, 불법 이민자를 두려워합니다. 새로운 시스템이 새로운 난동의 기회를 창출하여, 질서와 혼란을 동시에 발생시키는 것을 볼 수 있습니다. 히드로공항의 터미널 5가 문을 열었을 때, 자동 수하물 처리 시스템이 설치된 것을 기억하실 겁니다. 이 시스템이 작동을 중단했을 때, 가장 완전한 형태의 혼란이 일어났습니다. 일종의 우발적인 시스템 혼란이었는데, 이는 열차·공항·비행기 같은 이동 수단의 통신망이 극적인 형태의 테러리즘에 얼마나 취약한지를 보여 주었습니다. 테러리스트들이 이스라엘에서 버스나 비행기 폭탄, 하이재킹 등 움직이는 것들에 초점을 맞추는 이유이기도 하죠. 정치운동이 일어나고 있는 태국의 경우, 반란 세력은 언제나 공항 마비를 무기로 정부를 교체시켰습니다. 컴퓨터 시스템을 비롯한 모든 종류의 시스템은 안전과 질서 보장을 위해 설계되기 때문에, 거꾸로 혼란과 무질서를 초래할 잠재력도 가지고 있습니다. 컴퓨터 시스템으로 자동 제어되는 항공 운항을 위해, 비행기 조종석 문을 테러리스트 침입 방지차 수동으로 잠글 수 있게 한 것과 같은 이치입니다. 테러는 절대 예측할 수 없지요. 이 모든 것을 설계하고 관리하는 일은 정말 끔찍할 것 같아요, 미카엘.

미카엘 르마르샹 당신이 말하는 모든 새로운 도구와 발전은 엔진과 같은 새로운 위험을 수반하고 유발한다는 말에 동의합니다. 그러나 저는 편안함/안락함–신뢰성/보안 간의 대립에 전적으로 동의하지 않습니다. 저는 그것이 사실이라고 생각하지 않아요. 기차역 현장에서 일하는 사람으로서, 저는 우리 회사가 모든 분야를 최적화하고 발전시키기 위해 노력하고 있다고 말씀 드릴 수 있습니다. 더욱이, 유로스타의 경제모델에 기반을 둔 서비스 품질은 편의성뿐만 아니라 보안 및 신뢰성 향상에도 영향을 미칩니다. 우리는 이 모든 것을 동시에 완성하고자 합니다. 물론, 우리는 판단을 해야 합니다. 이론적인 안전 수준과 편의성 및 기능성이 동시에 최고점에 머물 수는 없겠지만, 적절한 균형을 찾아야 하지요.

팀 크레스웰 현재 공항에서 이루어지고 있는 수많은 작업 중에 가장 긴장과 불쾌감이 집중된 부분이 보안 검색이라는 점을 인지하고 있기 때문에, 전 세계 연구자들은 이 과정을 더 빠르고 안정적으로 수행할 방법을 모색하고 있습니다.

미카엘 르마르샹 맞는 말씀입니다. 2015년 4월 8일 이후 제정된 새로운 이민법에 따라 영국 영토를 벗어날 때에도 보안 통제를 받아야 합니다. 예전에는 영국 영토로 들어올 때만 통제를 하고, 영국 영토를 떠날 때에는 해당 사항이 없었습니다. 하지만 이제는 그런 경우에도 통제 조항이 적용되어, 운영자들은 이 부분을 정리하고 점검하는 일도 책임을 져야 합니다.

런던의 세인트 판크라스역과 같은 좁은 공간에 모여 있는 여행객들에게 추가 통제가 무엇을 의미하는지 상상할 수 있을 것입니다. 아주 빠르게 악몽으로 변할 수 있는 상황들이 벌어지겠지요. 우리는 승객들이 이런 상황을 경험하지 않도록 하는 동시에, 유로스타의 명성을 훼손시키지 않으려고 노력했습니다. 물론 돈이 많이 드는 일이었지만, 우리는 이러한 변화가 고객들에게 중립적으로 다가가기를, 나아가 그들에게 이로울 수 있기를 바랐습니다. 우리는 2015년 1월부터 매주 테스트를 실시하여 움직임을 가속화하고, 특히 우리가 고안한 해결 방안을 실험하기 위해 피크 타임에 테스트를 실시하였습니다. 4월 8일의 소동이 더 이상 우리 여행객들의 일상을 멈추게 하는 혼란이 아닌, 일상에 자연스럽게 녹아들 수 있도록 기술과 훈련, 준비된 인력들을 활용한 준비가 이루어졌습니다.

 경유 공간(역과 공항)은 단순히 승객을 맞이하고 국경 보안을 강화하는 물리적 공간일 뿐 아니라, 시민권 개념이 실험대에 올라 동화되거나 또는 부정되는 매우 상징적인 장소이며, 이곳에서 인권은 존중되거나 침해될 수 있습니다. 이 공간들은 환대와 국제적 협력에 대한 우리의 비전을 형성할 수 있고, 기후의 미래에 핵심적인 역할을 할 수 있는 장소들이기도 합니다. 이와 같이 넓은 의미를 고려할 때, 이러한 기반 구조의 미래에 대한 심의에서 사회적·문화적·환경적 기준이 충분히 고려되고 있다고 볼 수 있는지요? 이러한 장소들의 일상적인 관리에 더 확장된 개념의 행위자들이 도입될 수 있을까요?

팀 크레스웰 매우 흥미로운 사항들을 지적해 주셨습니다. 특히 우리가 방금 언급한 이유들 때문에, 저는 시민들이 이러한 공간의 창조에 더 많이 참여해야 한다고 생각합니다. 순전히 기능적인 특성 외에도, 기차역과 공항은 19세기부터 중요한 도시의 공공장소였습니다. 19세기와 20세기 초에 건설된 주요 기차역은 사람들이 섞인 공공공간인 도시의 관문이었지요. 오늘날에는 꼭 그렇다고 말하기 어렵지만, 더 위엄 있는 공간이었던 공항은 항상 더 제한적인 곳이었고요.

뉴욕의 그랜드 센트럴역과 같은 역은 궁궐처럼 지어졌습니다. 기차가 없어도 산책할 수 있는 철과 유리로 된 멋진 건축물입니다. 이 건물들은 벽화나 벽과 천장 장식을 통해 어떤 것을 상징했습니다. 기차역에는 일종의 시민적 정체성이 있었습니다. 하지만 저는 이 모든 것의 의미가 20세기 말에 바뀌었다고 생각합니다. 19세기에 건설된 그랜드 센트럴역 같은 기차역들은 훼손되기 시작하였고, 이러한 현상은 1970년대 특히 일부 사람들이 여기에 문제를 제기할 때까지 지속되었지요.

당시 뉴욕 시장이었던 에드 코흐Ed Koch는 역에서 자고 있던 노숙자들을 이동시키려고 노력했습니다. 그는 역은 기차로 A에서 B까지 데려다 주는 곳이자 잠을 잘 곳으로 안내하는 장소라면서, 경찰을 부르겠다고 했습니다. 그에게 이것은 안전 문제가 아니라 미적인 문제였습니다. 그는 역에 노숙자들이 있는 광경을 보고 사람들이 충격을 받았다고 주장했지만 결국 소송에서 졌어요. 판결문은 기차역은 공공건물 이전에 공공공간이라고 밝혔습니다. 이로써 여행이 아닌 다른 행위들도 허용되었고, 따라서 특정 유형의 사람들을 배제할 이유도 없어졌지요.

하지만 보안 이슈의 강세, 마케팅의 편재, 그리고 많은 다른 측면이 조합되면서 지난 몇 년간 이러한 공간들에 대한 평등한 접근이 점점 어려워지고 있습니다. 그리고 조직을 담당하는 행위자들의 범위는 이전보다 훨씬 더 넓어졌지요.

미카엘, 저는 당신들이 이용객들과 함께 일한다는 점을 확신합니다. 이러한 공간을 여행을 위한 장소를 넘어서는, 더 상징적인 공간으로 만들 방법을 심사숙고할 개별 위원회가 필요하다고 생각합니다. 이를 통해 진정 대중이 함께 할 수 있는 중요한 시민 장소로서의 역할을 강화시키길 바랍니다. 그러나 우리가 논의한 몇몇 과정들 때문에, 특히 파리북역 유로스타 권역에서는 이러한 시도를 하기가 어려워질 것입니다. 여행자들을 분리시키고 새로운 분열을 만드는 경로들로 인해 여행자들은 더 이상 섞일 수 없습니다. 이 문제를 풀 방법이 있을 것 같아요.

미카엘 르마르샹 당신의 답변이 마음에 든다는 점을 고백해야겠네요. 왜냐하면 저는 역은 단순히 기차를 타는 곳 이상의 장소라고 생각하기 때문입니다. 기차역이 도시 공간에서 수행하는 역할과 모빌리티는 훨씬 더 중요합니다. 기차역의 운영에 활력을 불어넣는 이해관계자의 수는 상상을 초월할 정도입니다. 우리의 목표는 이 문제를 둘러싼 토론에 가능한 한 많은 이들을 포함시키는 것입니다. 그들은 이 장소를 더욱 풍요롭게 만들고, 어떤 용도로든 이곳을 이용하는 사람들을 더 잘 적응시킬 수 있을 것입니다. 그러므로 저희 같은 전문가의 질문은, 테이블 주위에 있는 배우들과 함께 어떻게 이 거대한 연회를 잘 치를 것인가 하는 것입니다. 어떤 규칙을 통해 그들을 이끌 수 있을까요?

다양한 이해관계자와 관점에도 불구하고, 어떠한 결정이 내려져야 한다는 것은 명백합니다. 다시 말하지만, 참여의 측면 못지않게 필수적인 것이 의사결정이라고 할 수 있습니다. 팀은 "모빌리티 성좌"[4]라는 관념을 개념화했는데, 이는 오늘날 지구온난화와 환경 위기 같은 역사적 상황에 따라 모빌리티 시스템의 의미와 조직이 어떻게 변화하는지 이해할 수 있게 해 줍니다. 이런 맥락에서, 만약 당신이 파리북역과 스히폴공항 같은 경유 공간 내 모빌리티 정책을 제안할 수 있는 권한이 있다면 어떤 정책을 펼치실 건가요?

 미카엘 르마르샹 "적은 것이 많은 것"이라는 명제와 함께 북역에 대한 대대적인 재정비를 시도하고 싶습니다. 현재 매우 다양한 신호, 작은 부스들과 흩어져 있는 상점 등 다양한 이동 장애물들이 이 역을 지배하고 있습니다. 간판, 판넬, 케이블, 그 밖의 많은 것들로 가득 찬 엉망진창의 공간이지요. 저라면 그것들을 모두 없애 버릴 겁니다. 처음부터 다시 시작할 것입니다. 물론 언급한 것들 대신에 벽면을 남겨 두겠지만, 훨씬 뛰어난 가독성이 부여되는 새로운 방식으로 공간을 정리할 것입니다. 그래서 "적은 것이 많은 것"이라는 겁니다. 건물 벽 너머의 공간도 손을 볼 거예요. 런던에 있는 세인트 판크라스 근처 킹스 크로스는 우리에게 훌륭한 영감을 줄 수 있습니다. 이곳은 매춘과 마약 밀매가 성행했던 가난하고 비참한 동네였습니다. 정말 을씨년스러운 곳이었죠. 그런데 공공 및 민간 투자 덕분에 대규모 재개발 계획이 수립되었고, 이제 킹 크로

---

4 47쪽을 보라.

스와 그 주변은 환상적으로 변모했습니다.

팀 크레스웰 저 역시 세인트 판크라스와 킹 크로스에서 일어난 변화에 매우 감동했습니다. 제가 방금 말한 것처럼, 우리 부르주아 지식인들이 느끼는 편안함은 빈민가 사람들부터 마약 밀매자나 매춘부에 이르는, 이런 공간에 익숙해진 많은 사람들을 배제하는 방식에 어느 정도 의존하고 있습니다.

따라서 종종 가장 오래된 일부 집단이 제외될 수 있다는 위험을 염두에 두어야 합니다. 우리는 우리의 즐거움을 위해 어딘가에서 자리를 찾아야 하고, 결국 다른 곳으로 가야 하는 사람들을 제외하는 공공장소들을 상상합니다. 기차역에서 매춘을 장려하는 정책을 시행하는 것은 매우 대담한 시도겠지요. 저는 늘 그렇듯 양가적인 입장입니다. 쾌적한 도시 공간을 즐기지만, 그것이 수반하는 배제에 대해서도 생각합니다.

미카엘 르마르샹 한 지역을 전체적으로 재개발하는 계획에서 특정 성격의 거주민이나 기존 이용자를 배제하는 것은 위험합니다. 재개발 계획에 이들의 특성과 기대치를 정확히 고려한 부분을 추가해야 한다고 봅니다.

팀 크레스웰 모빌리티 성좌 이야기로 돌아가서, 현재의 모빌리티를 교체해야 하는 주요 요인이 환경 위기라고 가정한다면, 미래의 기차역은 공항보다 훨씬 유리한 위치를 점하게 될 것입니다. 실제로 오늘날의 세계에서는 친환경적으로 공항을 설계하는 것이 불가능합니다. 승객당 온실가스 배출량과 더불어, 더 높은 대기권 내에서 직접 배출하는 가스까지 고려하면, 항공기를 이용하는 것은 이동생태학적 측면에서 할 수 있는 가장 나쁜 일입니다. 내가 상상할 수 있는 유일한 정책은 오늘날 거의 0원에 가까운 유류세를 인상함으로써 항공교통의 문턱을 높이는 것입니다. 항공료는 환경에 대한 비용을 반영해야 합니다.

지구 차원에서 교통산업은 에너지산업에 이어 두 번째로 오염성 높은 온실가스를 생산하는 분야입니다. 그런데 이 분야의 특성상 실제적·개인적·신체적인 차원이 얽혀 있어 다른 분야에 비해 개혁하기가 더 어렵습니다. 모빌리티와 관련된 환경 문제에 대처하는 것은 반드시 통합, 정의, 접근성 등 다른 많은 문제의 결과를 수반합니다. 항공료를 인상하면 사람들은 자기들이 원하는 곳으로 여행할 길이 막힌다고 생각할 겁니다.

에너지 분야에서 풍력 및 태양에너지를 더 많이 사용하기 위해 석탄 발전소의 수를 줄이기로 결정한다 해도, 이것이 개인들에게 끼치는 영향은 거의 없을 것입니다. 우리는 계속 집에서 전기를 사용할 테고, 그것이 어디에서 오는지 알지 못할 테니까요. 제가 제안했던 항공교통 환경 조치들은 동시에 가난한 사람들을 배제하는 정책을 의미하기도 합니다. 가난한 사람들도 저가 항공사를 통해 비행기에 탑승할 수 있었던 지난 20년간의 시기가 끝나는 거죠.

하지만 기차는 그렇지 않습니다. 유로스타는 또한 항공교통과 경쟁할 수 있는 좋은 해결책이었습니다. 장거리 여행보다 짧은 여행에서 항공 여행이 환경에 미치는 영향이 더 크기 때문입니다. 이러한 관점에서 볼 때, 반드시 열차의 이점을 이용해야만 합니다. 유로스타는 단지 파리 중심에서 런던 중심부로 직접 이동하는 효과적인 수단일 뿐 아니라, 더 친환경적으로 지속 가능한 해결책이며, 여전히 개선될 여지가 많습니다.

어떻게 하면 환경적으로 더 공평하고 연대적이며 사회적으로 더 평등한 모빌리티, 장애인과 비장애인을 아우르는 통합과 접근성 문제를 해결할 수 있을까요? 이 문제는 영구적인 모순으로 남아야 할 것처럼 보입니다. 예를 들어, 6시간 미만의 짧은 여행을 할 경우, 비행기나 자동차보다는 기차를 타도록 사람들을 설득해야 합니다. 이와 동시에 우리가 직접 이동하지 않고 집에 머물면서 할 수 있는 일들이 늘어나고 있다는 사실도 주목할 만합니다. 지금 우리도 각자의 장소에서 대화를 나누고 있지 않습니까. 인터넷이 없었을 때에는 어땠을까 상상해 보세요. 예전 같으면 제가 파리행 비행기를 타든지, 여러분이 보스턴으로 와서 만났어야 했겠지요. 이것이 저의 과제입니다. 향후 60년 내에 다른 이동 체계가 구축될 것이라는 사실은 불가피합니다. 상황이 변화하여 우리에게 새로운 이동 시스템이 부과될 수도 있고, 우리가 직접 그것을 선택하고 계획할 수도 있습니다. 물론, 저는 당연히 후자를 선호합니다.

05

발문

마티아스 에머리히

"특정 인프라와 방식을 선택하게 하는
기술적 · 기술중심적 특성 뒤에 숨겨져 있는
이념적 선택과 공간 확보 투쟁, 부와 가치 이동은
그간 거의 드러나지 않았다."

나는 팀 크레스웰이 모빌리티가 무엇인지, 그 의미를 이해할 수 있는 소중한 개념적 도구를 찾아냈다고 생각한다. 그는 공간과 장소, 움직임과 모빌리티의 차이를 설명하고, 물리적 차원의 움직임과 모빌리티의 개인적·사회적 의미, 여기에 내재된 정신적인 경험을 구별해 낸다.

센생드니로 가기 위해 매일 파리에서 RER를 타는 것과, TGV를 타고 먼 곳으로 떠나는 것은 확연하게 구분되는 두 가지 경험이다. 여행의 길이, 속도, 목적 외에도 분명한 차이가 있다. 나는 특히 미카엘 르마르샹이 지적한 지하에 위치한 역과 지상에 위치한 역의 분열에 깊은 인상을 받았다. 전자가 제한적인 공간에서 빠른 속도로 뒤따르는 혼잡한 열차들의 공간이라면, 후자는 여유 있고 화려한 건축과 고급스러운 상업용 갤러리로 둘러싸인 '스트레스가 덜한' 이동 공간이다. 또한 이 책에 실린 글들을 통해 TGV와 RER의 사회적·민족문화적 구조와 이 두 가지 교통수단이 야기하는 감정에 대해서도 생각해 볼 수 있었다. TGV는 휴가와 주말을 둘러싼 흥분감과 관련이 깊고, RER은 일과 일상을 의미한다. 이러한 건축, 빛, 인구, 리듬, 사용 및 감각의 차이들은 삶의 경험을 근본적으로 차별화시킨다. 이러한 맥락에서, 팀 크레스웰은 '모빌리티 엘리트'와 '모빌리티 하위계층'을 구별한다. 하지만 이러한 계급 구별은 결코 계급투쟁으로 이어지지 않는다. 만약 그들이 같은 장소에서 거주하고 이동할 수 있다면, 이 두 집단은 대부분 서로를 무시한다. 그들은 모든 경우 다른 방식으로 이동하고, 서로 다른 목적과 조건을 반영하는 별개의 기능과 특성을 지닌 철도 서비스를 이용한다. 둘 중 한 그룹은 모빌리티를 선택하고, 다른 하나는 주어진 모빌리티를 따른다.

이러한 현상은 우리에게 집중성과 접근성 문제를 떠올리게 한다. 이동과 관련된 다양한 해결책은 도시 변두리에서보다 시내 중심에서 훨씬 더 중요하게 여겨진다. 따로 떨어져 있는 변두리 공간에서는, 각 가정에서 각자 다양한 개인적 이동 수단(자가용, 스쿠터, 자전거)에 의존하는 생활 방식을 개발해야 하며, 그렇지 않으면 대중교통에 전적으로 의존해야 한다.

크레스웰은 교통수단의 관리와 속도의 차원에 존재하는 일련의 모순을 제기한다. 가난한 사람들이 어쩔 수 없이 선택하는 이동 수단인 걷기는 이제 동네 탐방을 즐기는 '보보스족bobos'이 가치를 부여하는 이동 수단이 되었다. 모빌리티 규제는 홍채 인식까지 하는 초超이동인들의 이동을 원활하게 하는 동시에, "의심되는 국가"의 여권 소지자 혹은 사회적으로 식별 가능한 취약계층 사람들에게는 족쇄를 채운다. 어떤

이들에게 빠른 속도는 주목할 만한 지리적 영역들 사이의 연결성을 증가시키는 동시에, 중간에 사막과 같은 공간을 만들어 내는 창시자 역할을 할 수 있다. 이 모든 것이 어떤 사람의 삶을 더 편하게 만들어 주는 교통정책이, 다른 사람에게는 삶을 더 힘들게 하는 것이 되어 사회에 직접적인 영향을 미친다는 것을 보여 준다. 영불해협 횡단모델의 원활한 작동을 보장하기 위해 배제되는 사람과 상품을 구별해 내기 위해 미카엘 르마르샹이 소개한 '멸균성' 개념과 같은 운송사업자들의 고유 어휘 역시 이러한 부분을 잘 드러낸다.

특정 인프라와 방식을 선택하게 하는 기술적·기술중심적 특성 뒤에 숨겨져 있는 이념적 선택, 공간 확보 투쟁, 부와 가치 이동은 그간 거의 드러나지 않았다고 할 수 있다.

따라서 감시(특히 보안 감시)의 문제는 주로 세계화된 도시들의 운영에서 대중교통의 상징성과 그에 따른 공격 위험 노출 면에서 점점 더 필수적이 되고 있다(마드리드,

2004; 런던, 2005).

현대 세계의 중추적인 중심지로서, 경유 공간은 기업이나 국가에서 제시하는 안전 표준에 의해 점점 더 제한되고 있다. 물론 이것은 개인의 경험에 영향을 미친다. 미카엘 르마르샹의 영불해협 횡단모델 사례는 이 점을 잘 드러내 준다. 이 모델은 셍겐 지역 국경의 지위 및 해저터널 통과에 따른 여러 가지 요구 사항을 제시하며, 이는 기존의 운영 제약에 추가된다. 게다가, 유로스타가 프랑스 전체 철도망을 순환할 수 있는 가능성에 대해 셍겐 지역 안보와 관련된 제약 조건들이 얼마나 부정적인 영향을 미치는지는 두말할 나위가 없다. 매우 적은 수의 프랑스 역들만이 이러한 요구에 대응할 수 있을 정도로 이 서비스는 부담스러우며 비용도 많이 소요된다.

마지막으로, 이동 빈도를 포함한 데이터 전송의 관점에서, 이동 체계의 과잉적 요구 사항들에 내재되어 있는 결과로서의 '난기류turbulences' 역시 중요한 개념으로 보인다. 이는 매우 빠른 리듬(매 2분마다 한 대)으로 운영되는 대규모 열차는 물론이고, 그 빈도가 엄청나게 증가하고 있는 항공기 이착륙, 그리고 파리 주변도로와 같이 높은 밀집도를 보이는 일부 도로 기반 시설에도 적용되는 개념이다.

> **현대 도시들의 본질적인 특성인 초이동성은 투자와 혁신을 지속적으로 필요로 한다**

현대 도시들의 본질적인 특성이라고 할 수 있는 초이동성은 상품과 사람들 간 교류의 유동성을 가속화시키기 위해 지속적으로 투자와 혁신을 필요로 하지만, 그것은 일련의 '난기류'를 발생시키지 않고서는 불가능하다. 이러한 관점에서, 이 혼란들이 개인 및 사회적 관행의 선별 수단으로 전환되는 것은 매우 흥미롭다. 예를 들어, 교통체증에 대해 운전자들이 보이는 관대함은 대중교통의 기능 장애에 직면한 여행자들의 관용에 비해 훨씬 더 강해 보인다.

이동 선택권자이자 온전한 행위자인 자동차 운전자들은 개별 선택이 모인 집합의 순수한 산물인 교통체증에 대해 제3자를 탓할 수 없기 때문이다. 인프라의 포화를 초래하는 보이지 않는 손은 이러한 혼잡을 피할 수 없다. 반면, 기차를 이용하는 여행객들이 유능하고 세심한 운송업자들과 맺은 운송계약의 주요 조항은 정시 운행이라고 할 수 있다.

전자는 현대 생활의 치명적인 단점에 대해 툴툴거릴 뿐이지만, 후자는 운영자의 부주의를 비난할 수 있다.

난기류는 초도시를 구성하는 이동 시스템의 중심에 놓여 있다. 이를 더 자세히 살펴보려면, 이러한 결과를 초래하는 주관적인 경험에 대한 이해를 돕는 팀 크레스웰의 분석을 지속적으로 따라가야 한다. 예측 불가능하고 불가피한 이 주관적 경험은 유행과 관습, 사회적 지위에 따라 체념에서 분노에 이르는 다양한 감정을 유발한다.

감사의 말

사진 촬영을 허가해 준 파리북역과 유로스타, 스히폴공항의 관계자들에게 진심으로 감사를 표한다. 앙투안 드비에브르, 안 소피 드프랑스, 베네딕트 갸로, 크리스텔 르블뤼 라카리브, 사미 야히 아우이, 앤 조체토 등 제랄딘 레이에게 흔쾌히 문을 열어 주고 따뜻하게 맞아 준 모든 분들에게 감사의 말을 전한다.

또한 스히폴공항에 대한 우리의 질문에 친절하게 답해 준 레온 데벤과 장 밥티스트 프레티니, 안나 니콜라에바에게도 감사를 드린다.

우리 글을 주의 깊게 리뷰해 준 디안 길보와 베로니크 바를린, 조언과 제언을 아끼지 않은 자비에르 카르트리오의 도움 역시 감사하다.

스히폴공항에 관한 그래픽 자료를 제공해 준 마익세나아 스튜디오의 야스퍼 반 덴 브로크에게도 감사함을 표한다.

마지막으로, 함께 프로젝트를 마무리하지는 못했지만 시작 단계를 같이했던 클레어 니콜라스에게도 고마움을 전한다.

모바일 라이브스 포럼은 프랑스 국영철도의 지원으로 2011년 창립한 모빌리티 관련 독립 연구 및 교류 기관이다. 사회학자 뱅상 카우프만의 학문적 지도 아래 모빌리티를 물리적 운동이자 사회적 변화로서 연구하고 있다. 이 포럼의 목표는 모빌리티적 생활 방식의 변화를 이해하기 위한 수단을 제공하는 것, 그리고 그런 변화를 준비하고 또 그에 영향을 미치는 것이다.

모바일 라이브스 포럼은 모빌리티 이행을 준비한다. 오늘날 생활 방식은 자유의 원천이지만 피로와 소외의 원천이기도 하다. 기후변화, 석유의 고갈과 비용 증가, 도시의 혼잡과 공해 등은 물리적 이동, 전기통신, 우리의 활동 간 균형에 영향을 미치고 있고 또 점차 영향을 미치게 될 것이다.

모바일 라이브스 포럼은 이런 균형에 대해 다시 생각해 보고, 미래에 좋은 모빌리티적 삶이란 과연 어떤 것인지 탐구한다. 개인과 사회 모두의 측면에서 말이다. 그럼으로써 개인, 사업, 정부 등의 수준에서 변화를 촉발할 수 있는 지렛대를 찾아보려고 한다.

선을 넘지 마시오!

2021년 1월 29일 초판 1쇄 발행

지은이 | 팀 크레스웰 · 미카엘 르마르샹
사진 | 제랄딘 레이
옮긴이 | 박재연
펴낸이 | 노경인 · 김주영

펴낸곳 | 도서출판 앨피
출판등록 | 2004년 11월 23일 제2011-000087호
주소 | 우)07275 서울시 영등포구 영등포로 5길 19(양평동 2가, 동아프라임밸리) 1202-1호
전화 | 02-336-2776 팩스 | 0505-115-0525
블로그 | bolg.naver.com/lpbook12
전자우편 | lpbook12@naver.com

ISBN 979-11-90901-17-8